결국 국민이 합니다

위기에서
새로운 길을
만들다

결국
국민이
합니다

이재명의
인생과
정치철학

이재명 지음

오
마이
북

머리말

오랜만에 단행본을 내놓는다. 이 책은 나의 정치인생과 정치철학 그리고 내가 꿈꾸는 우리나라의 미래를 담고 있다.

나는 매일 아침 질문을 한다. 정치는 무엇인가. 이재명의 정치는 무엇이어야 하는가. 이 책은 이런 질문을 품고 정치의 길을 걸어온 이재명이 대한민국의 참 주인인 국민들에게 바치는 희망의 노래다.

나는 정치를 시작할 때부터 습관처럼 이 말을 해왔다.

"정치는 정치인들이 하는 것 같아도 결국은 국민이 하는 것입니다."

2024년 12월 우리나라의 민주주의는 풍전등화였다. 윤석열 대통령이 일으킨 친위쿠데타는 국민들이 피땀으로 일궈온 민주주의를 유린했다. 그러나 국민들은 목숨을 내놓고 계엄군과 장갑차를 막으며 내란에 저항했다. 위기에 처한 민주주의를 지켜내고 내란을 완전히 진압하기까지 국민들은 분노와 충격으로 잠 못 이루는 긴긴 겨울을 보내야 했다.

마침내 2025년 4월 4일 국민의 명령을 받은 헌재는 대통령 윤석열의 파면을 선고했다. '결국 국민이 합니다'를 다시 한번 입증했다. 나는 이 책에서 긴박하고 끔찍했던 내란의 시간들을 역사에 기록하는 심정으로 자세히 적었다.

국민들은 묻고 있다. 내란은 진압되었지만 내 삶은 더 나아질 수 있을까. 나는 이 책을 통해 우리가 꿈꾸는 나라의 모습을 구체적으로 담고 싶었다. 우리의 과제는 분명하다. 대한민국의 회복과 성장이다. 우리는 새로운 성장동력을 만들어야 하고, 성장의 기회와 결과를 함께 나누는 '공정 성장'을 통해 더 나은 세상의 문을 열어야 한다. 그 길에 나 이재명이 국민의 충직한 도구로 사용되길 희망한다.

이 책에는 내가 걸어온 정치인생도 담았다. 내 인생은 소년공 시절부터 위기가 아닌 때가 없었다. 정치인이 되어서도 위기는 계속되었다. 죽을 고비도 있었다. 위기 때마다 '결국 국민이 합니다'를 믿으며 함께 걸었더니 위기는 새로운 길이 되

었다. 그래서 어쩌면 이 책은 정치인 이재명의 성장사이기도
하다.

이 책은 많은 분들의 도움으로 세상에 나왔다. 그동안 내가
했던 말과 글을 정리해준 더불어민주당 당대표실 직원들과
오마이북에 감사드린다.

2025년 대한민국의 새 봄을 맞이하며
이재명

차례

1장

목숨을
내놓다

12·3 내란의 밤

뭐라고? 올 것이 왔구나

"이거 봐요. 실제 상황이에요."

2024년 12월 3일 밤 10시 30분경이었다. 아내가 안방으로 뛰어 들어오며 소리쳤다. 도대체 무슨 일이기에 이러나 싶어 잠시 귀찮은 표정을 지었다. 아내는 자기 휴대폰을 내 눈앞에 내밀며 다시 외쳤다.

"지금 비상계엄이 선포되고 있어요."

그날 퇴근하고 집에 온 시각은 10시경으로 기억한다. 평소보다 조금 일찍 일을 마친 날이었다. 샤워를 하고 안방 침대에 비스듬히 누웠다. 당대표 업무가 많다 보니 이렇게 짧게나마 느긋한 휴식을 취하는 순간은 참 소중하다. 아내는 이틀 후 있을 건강검진을 앞두고 내가 먹을 흰죽을 준비하고 있었다. 그러던 아내가 느닷없이 야단을 부린 것이다.

"뭐라고?"

도무지 믿지 못하는 내게 아내는 휴대폰을 내밀었다. 윤석열 대통령이 방송 화면에 등장해 무언가를 말하고 있었다. 비상계엄? 이것을 믿으라고?

"이거 딥페이크야. 가짜뉴스야."

내가 웃어넘기자 아내는 어리둥절한 표정을 지었다. '윤 대통령, 비상계엄 선포'라는 긴급속보 자막도 봤는데, 대한민국 원내 제1당의 대표가 '가짜뉴스'라고 하니 어느 쪽을 믿어야 할지 혼란스러운 것 같았다. 어쩌면 내 마음이 혼란스러워 아내 얼굴이 그리 보였을지도 모르겠다.

다시 확인하겠다며 아내가 거실 TV 쪽으로 달려 나가는 순간, 내 휴대폰이 울렸다. 정청래 민주당 의원(국회 법제사법위원회 위원장)이었다. 목소리가 다급했다.

"대표님, 비상계엄입니다."

아니 정 의원까지? 설마 진짜라고?

"이거 가짜뉴스 같은데…."

정 의원은 더 다급하게 말했다.

"아닙니다. 진짜입니다."

민주당 최고위원들과 주요 당직자 22명이 모여 있는 텔레그램 단톡방을 열었다. 그리고 깨달았다. 실제 상황이었다.

"지금 국회로 모여야 합니다."

10시 29분에 천준호 민주당 의원이 남긴 메시지였다. 윤석열 대통령이 TV에 등장해 비상계엄을 선포하기 시작한 시간이 10시 28분이니 1분 후 올라온 내용이었다. 김윤덕 민주당 사무총장도 10시 33분에 "비상 상황입니다"라고 올렸다.

나도 모를 외마디가 절로 나왔다.

"미쳤네."

나는 박찬대 민주당 원내대표에게 전화를 걸었다.

"즉시 모든 의원들에게 국회로 모이라고 해주세요. 국회경비대는 국회의장이 통제할 수 있으니 계엄군의 국회 진입을 막아야 합니다."

전화를 끊고 텔레그램 방에 이렇게 남겼다.

"국회로."

10시 39분이었다. 긴박했다. 세 글자만 급히 남겨야 할 정도로.

'올 것이 왔구나.' 실제 상황임을 인지하고 맨 처음 든 생각이었다. 설마가 현실이 되었다. 나와 우리 당은 몇 달 전부터 윤석열 대통령이 계엄을 준비하고 있다고 경고해왔다.

'국회로 가야 한다!' 계엄을 해제시키려면 반드시 살아서 국회로 가야 했다. 나는 아내가 챙겨준 양말과 옷을 급하게 입으면서 다시 박찬대 원내대표에게 전화로 지시했다.

"모든 민주당 의원들이 국회로 신속히 모이되 잡히면 안 되니까 조심해서 모이게 하세요."

그런데 나는 무사히 국회까지 갈 수 있을까? 이미 집 앞에 군인들이 배치되어 있지 않을까? 여기서 바로 잡히면 비상계엄에 대한 위법성, 위헌성을 알리는 것조차 불가능하다. 당장 군인들이 집 앞에 와 있는지 확인이 필요했다. 아내가 한발 앞섰다. 아내는 현관문의 안전고리를 걸어둔 채 살짝 문을 열었다. 조용했다. 밖으로 나가 엘리베이터 옆 방화문까지 확인한 아내는 그제야 안심하고 내게 이상 없다고 일러주었다.

당장 국회로 가야 했다. 긴급 통화와 유튜브 방송을 할 생각이었던 나는 운전을 할 수 없었다. 수행비서가 오려면 30분 이상 걸릴 것 같다고 했다. 난감했다. 그러자 아내가 말했다.

"내가 운전할게요. 기사님 올 때까지 기다리면 너무 늦어요. 가요, 지금."

아내는 입고 있던 원피스에 롱패딩만 걸치고 앞장섰다.

주차장으로 내려가는 동안 추웠는지 어땠는지 기억나지 않는다. 다만 그날의 공기는 사람을 옹송그리게 했다. 날선 긴장 감이 뒷목을 엄습했다. 언제 군인들이 덮칠지도 알 수 없었다. 아내가 시동을 걸었다. 우리는 인천 계양 집을 출발해 여의도 국회로 향했다. 10시 40분경이었다. 조급한 마음에 아내가 속도를 올렸다.

무엇부터 해야 하나? 아내가 운전하는 차를 타고 국회로 달려가면서 거듭 민주당 지도부와 의원들에게 빨리 국회로 모이라고 당부했다. 그리고 이 상황을 최대한 빨리 많은 시민들에게 알려야 했다. 영향력 있는 유튜버들이 떠올랐다. 딴지일보 김어준 총수에게 전화를 걸었다.

"김 총수, 시민들에게 빨리 국회 앞으로 모여달라고 알려야 합니다. 지금 방송을 해야 합니다."

김 총수도 경황이 없어 보였다. '이동형TV'의 이동형 작가에게도 전화를 했다.

"이 작가, 긴급 방송을 해야 합니다."

나도 내 휴대폰으로 '이재명TV' 라이브 방송을 시작했다. 10시 48분경이었다.

국민 여러분, 국회로 모여주십시오

생중계 화면이 열리는 것을 확인하자마자 나는 국민들에게 호소했다. 이 무도한 계엄을 막아낼 방법은 국민들밖에 없다고 판단했다.

국회로 모여주십시오. 윤석열 대통령이 비상계엄을 선포했습니다. 국회가 비상계엄 해제 의결을 해야 되는데 군대를 동원해서 국회의원들을 체포할 가능성이 매우 높습니다.

국회로 와주십시오. 늦은 시간이긴 하지만 국민 여러분께서 이 나라를 지켜주셔야 합니다. 저희도 목숨을 바쳐 이 나라 민주주의 꼭 지켜내겠습니다. 우리의 힘만으론 부족합니다. 이 나라의 주인이신 국민 여러분께서 나서주셔야 합니다. 저도 지금 국회로 가는 길입니다. 국회가 비상계엄 해제 의결을 할 수 있도록 이 나라 민주주의를 강건하게 지켜낼 수 있도록 국민 여러분께서 힘을 보태주십시오.

나는 "국민 여러분, 지금 국회로 와주십시오"를 계속 반복했다. "윤석열 대통령은 국민을 배반했다"면서 "이 나라 민주주의의 최후 보루인 국회를 지켜주셔야 한다"라고 거듭 호소했다.

국민 여러분, 지금 국회로 와주십시오. 국회를 지켜주셔야 합니다. 이 나라 민주주의의 최후 보루입니다. 존경하고 사랑하는 국민 여러분, 윤석열 대통령이 비상계엄을 선포했습니다. 비상계엄을 선포할 아무런 이유가 없습니다. 군대가 이 나라를 통치하게 내버려둘 수는 없습니다. 검찰에 의한 이 폭력적 지배도 부족해서 총칼을 든 무장 군인들이 이 나라를 지배하려고 합니다. 그리고 국군 장병 여러분, 여러분에게 명령을 내릴 수 있는 것은 오로지 국민뿐입니다. 윤석열 대통령은 국민을 배반했습니다.

나는 비상계엄의 불법성을 이야기하면서 이것은 무효이며 "지금 이 순간부터 윤석열 대통령은 대한민국 대통령이 아니다"라고 국민들에게 선언했다. 그리고 국군 장병들에게도 분명한 메시지를 전했다. "여러분이 복종해야 할 주인은 윤석열 대통령이 아니라 바로 국민입니다."

윤석열 대통령의 불법적인 비상계엄 선포는 무효입니다. 지금 이 순간부터 윤석열 대통령은 대한민국 대통령이 아닙니다. 장병 여러분, 여러분이 들고 있는 총칼, 여러분의 권력은 모두 국민에게서 온 것입니다. 이 나라의 주인은 국민이고 국군 장병 여러분이 복종해야 할 주인은 윤석열 대통령이 아니라 바로 국민입니다. 국민은 윤석열 대통령의 비상계엄을 허용하지 않았습니다.

미래 운명이 달려 있습니다. 여러분이 복종해야 할 것은 윤석열 대통령의 명령이 아니라 바로 국민의 명령입니다. 국민 여러분, 신속하게 국회로 와주십시오. 민주주의의 마지막 보루 국회를 지켜주십시오. 저도 지금 국회를 향해 가고 있습니다.

참으로 "절박한 시간"이었고 "나라의 운명이 풍전등화"였다. 이 내란을 당대표인 나와 우리 민주당과 국민들이 막아내지 못한다면 "이제 곧 탱크와 장갑차, 총칼을 든 군인들이 이 나라를 지배"하게 될 상황이었다.

　운전을 하던 아내는 눈물을 흘렸다. 남편의 운명도 풍전등화임을 알았기 때문이리라. 잡혀갈지도 모르는, 죽을지도 모르는 곳으로 남편을 태워다주고 있으니 마음이 오죽했겠는가. 이때 아내의 휴대폰으로 우리 부부의 안부를 묻고자 가족과 지인들의 전화가 쇄도했다. 그러나 내가 유튜브 생방송을 하고 있었기 때문에 아내는 그 전화를 받지 않았다. 크게 울 수도 없어 그냥 훌쩍일 뿐이었다.

　절박한 시간입니다. 나라의 운명이 풍전등화입니다. 윤석열 대통령의 불법적이고 위헌적이고 반국민적인 계엄 선포, 이 나라의 진정한 주권자, 민주공화국 대한민국의 주체인 국민들께서 지켜주셔야 합니다. 2년 6개월 이 짧은 시간에 이 나라가 얼마나 많이 망가졌습니까?

　존경하는 국민 여러분, 윤석열 대통령이 아무런 이유도 없이 비상계엄을 선포했습니다. 이제 곧 탱크와 장갑차, 총칼을 든 군인들이 이 나라를 지배하게 됩니다. 사법제도도

다 중단되고 군인들이 단심으로 심판하는 비상계엄이 시작되었습니다. 대한민국의 경제가 회복될 수 없도록 무너질 것입니다. 국제 신인도가 떨어질 것입니다. 대한민국에 투자한 외국인들이 철수할 것입니다. 대한민국 경제가 망가지고 안 그래도 나빠진 민생이 끝을 모르고 추락할 것입니다. 국민 여러분, 국회로 와주십시오. 무너지는 민주주의를 여러분이 함께 나서서 지켜주십시오.

군인 대신 영장을 든 검사들이 이 나라를 지배하는 줄 알았습니다. 이제 검찰 지배 국가에서 군인 지배 국가로 전환할 모양입니다. 이렇게 방치할 수는 없습니다. 국민 여러분, 여의도 국회로 가주십시오. 저도 국회로 갑니다. 존경하는 국민 여러분, 어떻게 만들어온 대한민국입니까? 어떻게 만들어온 민주주의입니까? 어떻게 만든 세계 10위의 선진국입니까?

이렇게 긴급 라이브 방송을 하면서 "저도 믿어지지가 않습니다. 꿈과 같습니다. 그러나 이것은 실제 상황입니다"라고 호소했다. 많은 국민들도 나처럼 이런 상황이 믿기지 않을 것 같았다.

힘을 합쳐주십시오. 저도 믿어지지가 않습니다. 집 안으로 무장 군인들이 쳐들어오지 않을까 급하게 차리고 집을 나섰습니다. 존경하는 국민 여러분, 저도 아직 현실감이 없습니다. 꿈과 같습니다. 21세기 선진 강국 대한민국에서 비상계엄이라니, 국민 여러분은 상상이 되십니까?

이것은 실제 상황입니다. 민주주의를 지켜내야 합니다. 국민 여러분, 국회로 와주십시오.

풍전등화 속에서 이뤄진 이 긴급 라이브 방송의 동시 시청자는 20만 명을 넘었다. 이 방송을 보고 '나도 국회로 가서 민주주의를 지켜야겠다'고 결심한 국민들이 곳곳에서 여의도로 향했다. 결국 그들이 민주주의를 지켜냈다. 국민은 응답했다. 국민은 위대했다.

누가 나에게 '긴급 생중계'를 명령했을까

"비상계엄 선포라는 그 긴박한 상황에서 어떻게 라이브 방송을 할 생각을 하셨나요?"

"휴대폰 화면을 터치할 때 손이 떨리지 않았나요?"

악몽 같았던 12월 3일 밤이 지나간 후 나는 종종 이런 질문은 받곤 했다.

어떤 기자는 이렇게 물었다.

"그날 라이브 방송을 보면, 마치 비상계엄 대응을 미리 준비한 것처럼 꼭 해야 할 것들을 말하던데, 경황이 없었을 그때 어떻게 그럴 수 있었나요?"

되돌아보면 나는 그날 유튜브 생중계를 시작할 때 차분했다. 휴대폰 화면을 터치할 때도 손이 떨리지 않았다.

나는 큰 위기가 닥칠 때 차분해지려 노력한다. 여러 위기 속에서 훈련이 되었는지 이제는 차분해지는 요령이 생긴 것도 같다. 비상계엄 때도 다행히 당황하지 않고 차분하게 생방송을 할 수 있었음에 감사하다.

곰곰이 생각해보면 내 안에 잠재해 있던 '역사의 트라우마'가 당시 나를 일깨워 긴급 생방송을 하게 만든 것이 아닐까 싶다. 바로 5·18 광주민주화운동이다.

5·18 광주민주화운동은 내 인생의 가장 큰 트라우마다. 1980년 당시 나는 고등학교 1, 2학년 정도의 나이였다. 가난해서 학교를 다니지 못하고 소년공으로 공장에 다닐 때였다. 부끄러운 고백이지만, 그때 나는 광주시민들이 폭동을 일으킨 폭도인 줄 알았다. 가짜뉴스에 속았던 것이다.

몇 년이 지난 뒤 나는 광주의 실상을 알게 되었다. '광주'라고 하면 맨 먼저 떠오르는 장면이 땅바닥에 길게 늘어선, 태극기로 감싸진 '관'들이다. 그 관을 부여잡고 오열하는 유가족들의 모습이 내 가슴에 지워지지 않는 화인처럼 새겨져 있다.

그리고 떠오르는 또 다른 장면은 "광주시민 여러분"으로 시작하는 긴급 호소 방송이다. 여성분들이 트럭을 타고 시내를 돌면서 확성기를 들고 "계엄군으로부터 민주주의를 지킵시다"라며 카랑카랑한 목소리로 방송하던 장면이 생생하다.

정치를 하면서 당시 광주에서 그 긴급 방송을 했던 주인공들을 만난 적도 있다. 계엄군에 의해 저격을 당할 수도 있는데 죽기를 각오하고 시민들에게 당시 광주의 상황을 알린 용감한 분들이다. 광주에 대한 이런 기억들이 나에게 12월 3일 밤 긴급 생중계를 하도록 이끌었던 것 같다.

비상계엄을 막을 수 있는 것은 오직 국민들밖에 없다는 생각뿐이었다. 총칼로 무장한 군인들을 국회의원들의 힘만으로 어떻게 막겠는가. 국민들에게 당장 알려야 한다는 절박함으로 긴급 생방송을 했다. 1980년 5월 광주의 거리에서 시민들에게 호소하던 딱 그런 느낌이었다. 누군가는 이 상황을 국민들에게 긴급히 알려야 하니까. 풍전등화의 민주주의를 구해야 하니까. 또한 라이브 방송을 하고 있어야 내가 체포되더라도 국민들이 내가 잡혀가는 장면을 볼 수 있지 않겠는가.

나중에 당시 상황들이 하나하나 드러나는 걸 보니 만약 그때 잡혔더라면, 내란 세력이 계획한 '체포조 시나리오'가 그대로 실행되었더라면 나는 진짜 죽을 수도 있었겠다는 생각이 든다. 붙잡혀서 어딘지 모를 곳으로 끌려가 고문을 당하고 결국은….

한강 작가는 비상계엄이 선포되고 곧이어 국회에서 비상계엄 해제를 결의한 후에 열린 노벨문학상 수상 기념 강연에서

내란의 밤, 비상계엄 해제를 요구하는 시민들
2024년 12월 3일 국회 앞

ⓒ 오마이뉴스 권우성

내란의 밤, 계엄군을 막는 시민들
2024년 12월 3일 국회 본청 앞

ⓒ 위성환

이렇게 말했다. "현재가 과거를 도울 수 있는가, 산 자가 죽은 자를 구할 수 있는가라는 질문을 뒤집어야 한다는 것을 깨달았다. 과거가 현재를 도울 수 있는가, 죽은 자가 산 자를 도울 수 있는가라고."

《소년이 온다》를 쓴 한강 작가의 말이 소름 끼치도록 와닿았다. 5·18 광주의 계엄이라는 과거가 12·3 비상계엄이라는 현재를 도운 것이다. 죽은 자가 산 자를 살린 것이다.

내가 광주에 내려가면 꼭 찾아뵙는 분이 있다. 재학이 어머니 김길자 여사다. 문재학은 《소년이 온다》의 주인공 '동호'의 실존 인물이다. 광주항쟁 마지막 날인 1980년 5월 27일 도청에서 '최후의 항전'을 벌이다 사망했다. 당시 나이가 열다섯이었다. 내가 찾아뵐 때마다 재학이 어머니는 자기 자식 같다며 나를 반겨주신다. 그래서 나도 어머니라고 부른다. 나이 어린 자식을 잃는다는 것이 얼마나 슬픈 일인가. 문재학은 나와 한 살 차이밖에 나지 않는다. 그래서 더 감정이입이 되는 것 같다.

목숨을 내놓고 민주주의를 지킨 1980년 광주의 시민들이 있었기에 2024년 12월 3일 내란의 밤에 국회로 향하는 장갑차 앞을 가로막은 시민들이 가능했던 것이다. 우리의 민주주의 역사는 이렇게 이어달리기를 하고 있다. 대한민국 국민은 참으로 위대하다.

담을 넘다

　12월 3일 밤 집에서 출발한 지 15분쯤 후인 10시 55분경 여의도 샛강과 국회의사당 사이에 있는 국회 3문 근처에 도착했다. 예상대로 경찰 병력이 이미 문을 막고 있었다. 정문은 진즉 봉쇄되었을 터였다.

　어디를 통해 들어가야 하나? 정식 문으로는 들어갈 수 없으니 담을 넘어야겠다고 생각했다. 밖을 보니 경찰이 아직 배치되지 않은 담이 보였다. 3문에서 정문으로 좌회전하는 횡단보도에 다다랐을 때 빨간 신호등 앞에서 대기했다. 여의2교 근처였다. 순간적으로 차 문을 열고 내렸다.

　우리가 다시 만날 수 있을까? 다시 못 볼 수도 있는 상황이었지만 나는 아내에게 한마디 말도 못 하고 헤어졌다. 상황도 긴박했지만, 아내와 나는 이심전심으로 또 하나의 위기를 그렇게 겪어내고 있었다. 어디 한두 번 겪어본 위기였던가. 아내도 굉장히 불안했을 것이다. 사지로 남편을 태워다주는 것이 어쩌면 미안하기도 했겠지만 수많은 수사, 압수수색, 테러를 당하면서 여기까지 왔기에 또 하나의 위기 앞에서 더 보탤 말이 없었을지도 모르겠다.

차에서 내린 뒤 횡단보도를 건너 국회 담 쪽으로 갔다. 국회 정문으로 가면 잡힐 수도 있다는 생각에 의원회관 뒤쪽 담벼락을 천천히 걸었다. 고개를 숙이고 지나가는 행인인 척했다. 주변에 경찰이 보이지 않는 구간을 발견했다. 이때다 싶어 담을 넘었다. 그곳이 정확히 어디인지, 내가 어떻게 넘어갔는지 기억이 잘 나지 않는다. 그만큼 긴장한 탓이다. 돌이켜 생각해보면 영화 같기도 하고 꿈속 같기도 하다. 실감이 나지 않았다. 천만다행인 것은 그때까지만 해도 경찰 병력이 국회 주변의 모든 담을 철통같이 막지 않았다는 사실이다.

차에서 내려 담을 넘어 국회 안으로 들어갈 때 내 목소리는 나가지 않더라도 라이브 방송은 계속 켜두었다. 내가 불시에 잡히더라도 방송을 보는 사람들이 '아, 이재명이 잡혀갔구나'라고 알 수 있게 하기 위해서였다. 나중을 위해서라도 아무도 모르게 소리 소문 없이 잡혀가서는 안 된다고 생각했다.

나를 차에서 내려준 뒤 아내는 몹시 걱정이 되었나 보다. 나중에 들어보니 유턴을 해서 남편이 담을 넘었을 만한 곳으로 천천히 차를 몰았다고 한다. 경찰이 그쪽으로도 배치되는 중이었다. 남편의 모습은 보이지 않았다. 담을 무사히 넘어갔을까. 경찰에 붙잡혀 어디론가 끌려간 것은 아닐까. 아내는 차를 멈추고 경찰이 배치되고 있는 담 쪽으로 휴대폰을 꺼내 사진을 찍었다. 나중에 그 사진을 확인해보니 11시 6분이었다.

아내는 전에도 휴일이거나 내 공무시간이 아닐 때 자주 나를 태워 운전을 했다. 성남시장 때부터 나는 늘 업무가 많고 신경 쓸 일이 많아서 운전에 집중할 수 없으니 아내가 대신 운전대를 잡을 때가 많았다. 아내는 그렇게 닦은 운전 실력을 그날 발휘했다. 나는 그렇게 아내와 헤어진 후 일주일 동안 연락을 하지 못했다. 내란 진압에 경황이 없다 보니 전화나 문자조차 하지 못한 것이다.

국회 담은 넘었지만 본회의장으로 무사히 진입하는 것이 관건이었다. 담을 넘자마자 의원회관에서 도로 쪽을 향해 형성된 숲속으로 재빨리 몸을 숨겼다. 군인과 경찰 눈에 띄면 모든 것이 수포로 돌아간다는 생각뿐이었다. 어두운 밤이라 밖이 잘 보이지 않았다. 다행히 내가 국회 담을 넘은 것을 내 유튜브 방송으로 확인한 이해식 민주당 의원(당대표 비서실장)과 김태선 민주당 의원(당대표 수행실장)이 내가 몸을 숨기고 있는 숲으로 왔다. 조금 뒤에는 한준호 민주당 의원도 달려왔다.

한 의원이 "지금 당대표실로 가면 잡힌다"면서 일단 자기 방으로 가자고 했다. 숲에서 나와 일행과 함께 주변을 살피면서 조심스럽게 의원회관으로 향했다. 지금 생각해보면 의원회관이라고 안전했을까 싶다. 하지만 당시에는 그런 생각을 할 겨를조차 없었다.

한준호 의원실에서 잠깐 숨을 돌리면서 생각했다. 만약 내가 잡힐 경우 다음 민주당 지휘부는 누가 맡아야 하는가. 누가 언제 잡혀갈지 모르는 비상 상황에 대비해 미리 '대표 권한대행' 순서를 정해놓아야 했다. 20번까지 순번을 짰다. 당대표 수행실장인 김태선 의원에게 권한대행 순서를 빨리 의원들이 모여 있는 텔레그램 방에 발표하라고 했다.

비상 지휘부의 순서를 정해놓고 나서 의원회관 밖으로 나왔다. 의원회관도 안전하지 않다는 판단이었다. 한준호 의원의 차를 타고 국회도서관 쪽으로 이동했다. 차에서 내려 다시 숲으로 갔다. 이번엔 국회도서관에서 순복음교회 방향 쪽으로 형성된 숲이었다. 국회 앞 대로와 약 20여 미터 떨어진 곳인데, 숲 근처엔 대형 시계탑이 있다. 이해식, 김태선, 한준호 의원 등과 함께 그 시계탑의 움푹 파인 곳에 몸을 숨겼다.

그곳에서 국회의사당 안에 들어가 있는 민주당 의원들의 숫자를 원내대표단으로부터 실시간으로 보고받으면서 국회 정문 밖에서 들려오는 시민들의 소리에 귀를 기울였다. 시민들이 어느 정도 모였는지 궁금했다. 믿을 건 오로지 시민들뿐이었기 때문이다.

사람들의 말소리는 들리는데 어둠 속이라 밖이 잘 보이지 않았다. 얼굴을 내밀면 자칫 발각될 수도 있으니 그저 신경을 곤두세우고 밖의 상황에 집중하는 수밖에 없었다. 어느 정도 시간이 지났을까. 시민들의 구호 소리가 점점 커지기 시작했다.

"비상계엄 철회하라."

"독재타도."

"윤석열을 체포하라."

나는 그때의 그 구호들을 선명하게 들을 수 없었지만 시민들의 외침이 점점 커지는 것을 느꼈다. 시민들이 국회로 속속 모여든 것이다.

'아, 희망이 있구나.'

그제야 비로소 조금 안심이 되었다.

가자, 본회의장으로

무엇보다 국회 의결을 통해 비상계엄을 해제하는 것이 급선무였다. 국회로 달려온 시민들이 계엄군을 몸으로 막으면서 벌어주는 시간이 그리 길지 않을 수도 있기 때문에 상황이 긴박했다. 일분일초를 허투루 흘려보낼 수 없었다.

국회 본회의 소집 권한을 가진 사람은 세 명이다. 국회의장과 부의장 두 명에게 권한이 있는데, 부의장 중 한 명은 국민의힘 소속이니 사실상 두 명이라고 봐야 했다. 나중에 밝혀졌지만, 우원식 국회의장과 이학영 국회부의장은 모두 저들의 체포 대상이었다. 헌법 제77조 제5항에는 "국회가 재적의원 과반수의 찬성으로 계엄의 해제를 요구한 때에는 대통령은 이를 해제하여야 한다"라고 명시되어 있다. 시민이 벌어준 시간, 우리가 응답해야 했다.

국회 본회의장 진입 시각과 방법을 고민하고 있는데 헬기 소리가 들렸다. 계엄군이 국회 장악을 위해 헬기를 타고 국회 경내에 진입한 것이다. 시민들이 육로로 진입하는 계엄군을 온몸으로 막고 있었지만, 공중으로 진입하는 계엄군까지 막아낼 순 없었다.

계엄군이 국회 경내로 진입했다는 것은 본청으로 들어가는 길이 봉쇄되어버렸다는 것이다. 정신이 아찔해졌다. 내가 잡힐 수 있다는 두려움 때문이 아니었다. 5·18 광주민주화운동 당시 무력으로 시민을 짓밟았던 공수부대와 헬기, 그리고 무려 40년 넘게 이어진 악몽이 다시 재현되는 것 같았다. 광주의 아픔과 피로 일궈낸 민주화의 성과를 조금이라도 이해하고 있다면, 어떻게 감히 이런 일을 벌일 수가 있을까? 피가 끓어올랐다. 하지만 지금은 냉정해야 한다. 무엇보다 본회의장으로 들어가야 일을 해결할 수 있지 않은가.

계엄군들이 본청을 에워싸면서 진입할 방법이 없어졌다. 국회의원회관에서 본회의장으로 연결되는 지하통로가 있었지만, 아직 안전한지 확인이 되지 않았다. 우선 국회도서관 옆에 있는 숲과 시계탑에 일행들과 몸을 숨기고 동태를 파악했다.

내란의 밤, 국회 상공에 나타난 헬기
2024년 12월 3일

ⓒ 위성환

본회의장에 도착한 민주당 의원들의 숫자가 150명에 가깝게 늘어나고 있다는 소식에 감사하면서도, 체포를 피할 수 있는 진입로를 확보하지 못해 애가 타들어갔다.

단 한 번의 기회가 왔다. "민주당 의원만으로 151명을 넘겼다"라는 보고를 받았다. 동시에 지하통로를 통해 본회의장 진입이 가능하다는 소식을 들었다. 일단 숲에서 나와 한준호 의원의 차를 타고 의원회관 지하주차장으로 이동했다.

앞 상황을 살피는 팀과 뒤편을 마크하는 경호팀을 대동하고 세 갈래로 뛰면서 지하통로로 진입했다. 그 지하통로로 본회의장이 있는 국회의사당을 향해 전진하기 시작했다. 돌이켜보면 가장 위험한 순간이 그때가 아니었나 싶다. 앞서 나간 팀이 먼저 가서 뒤에 이상이 없다는 신호를 보내면, 그에 맞춰 뒤의 팀이 따라가면서 경로를 개척했다. '조금만, 조금만 더' 발걸음을 재촉하던 그 시간, 그 길은 정말 길고 어둡고 숨이 가빴다.

그렇게 천신만고 끝에 본회의장에 들어갔다. 이날 국회에 집결한 민주당 의원은 165명. 비상계엄 선포 1시간 30분 만이었다. 해외에 나가 있는 의원들을 빼고는 한 명도 예외 없이 전부 국회로 달려왔다. "가면 죽을까 봐 망설여졌다"던 어느 의원의 말처럼 한 사람 한 사람의 표정에는 두려움과 결연함이 공존했다. 이제 의결만이 남았다.

가슴이 타다

풍전등화가 계속되었다. 무장한 계엄군은 헬기를 타고 국회
의사당 운동장에 집결했다. 국회 정문 앞쪽에 몰려든 시민들
은 "비상계엄 철회하라"라고 목소리를 높였다.

자정을 넘겨 12월 4일로 날짜가 바뀌었다. 국회의사당 상황
은 더 긴박해졌다. 본회의장 밖에서는 무장한 계엄군이 밀고
들어온다는 소식이 들렸다. 금세라도 본회의장 안으로 쳐들어
올 수 있는 상황이었다. 소란한 소리가 긴장감을 부추겼다.

의결 정족수를 이미 훌쩍 넘겼는데도 속절없이 시간만 흐르
니 가슴이 타들어갔다. 나중에 당시 상황을 복기하면서, 우원
식 국회의장에게 물어봤다. '왜 그렇게 의결이 늦어졌느냐. 우

리는 가슴이 타서 죽는 줄 알았다'고 했더니, 일리 있는 답변을 하셨다. 아주 위험하고 급박한 상황인 것은 본인도 잘 알고 있었지만, '비상계엄 해제 의결 절차에 일체의 위반 사항이 있어서는 안 된다'는 것이었다. 그래서 그 절차를 정말 악착같이 챙겼던 것이다.

게다가 국민의힘 추경호 원내대표가 의도적으로 시간을 끄는 지연작전을 썼다. 우원식 의장은 그에게 12월 4일 오전 1시 30분으로 의결 시간을 통보했으나 이마저도 미뤄달라고 요청한 것이다. 결국 오전 1시께 '비상계엄 해제 요구 결의안'이 본회의에서 가결되었다. 애초 통보보다 30분가량 당겨 의결을 진행한 것이다. 전날인 12월 3일 오후 10시 28분 윤 대통령이 비상계엄을 선포한 지 약 2시간 30분 만의 일이다.

지금 생각해보면, 당시 우원식 의장의 판단이 옳았다. 법률가인 윤 대통령이 비상계엄 해제 요구안이 가결되자 법전을 뒤졌다고 하지 않나. 절차상 허점이 있었다면 분명히 꼬투리를 잡아서 물고 늘어졌을 것이다. 나중에 들리는 이야기로는, 윤 대통령이 국회에서 비상계엄 해제 의결 절차를 밟는 데 하루이틀 정도 걸리지 않겠냐는 생각을 한 것 같다. 이렇게 빨리 처리될 줄은 몰랐던 것이다.

비상계엄 해제 요구안의 가결을 확인하고 잠시 안도의 한숨을 쉬고 있는데 안규백 민주당 의원이 다가와 내게 말했다.

"대표님은 계엄군의 체포 대상입니다. 최우선 체포 대상 세명 중 한 명입니다."

어떻게 확인했냐고 물었더니 계엄군과 연결된 곳으로부터 직접 받은 제보라고 했다. 비상계엄을 확인한 순간부터 내가 체포 대상일 것이라고 생각은 했지만, 안 의원으로부터 실제로 들으니 다시 긴장이 되었다.

비상계엄 선포 이후 비상계엄이 법적으로 최종 해제되기까지 정말 기적 같은 우연들의 연속이었다. 나중에 비상계엄의 민낯이 낱낱이 드러나고, 당시에는 몰랐던 많은 사실들이 하나둘씩 밝혀지면서 알게 된 기적 같은 우연들은 지금 생각해봐도 〈애국가〉 가사에도 있듯이 '하느님이 보우하사 우리나라 만세'였다. 그건 주님의 은총이었고, 부처님의 가피였다. 윤 대통령과 그 최측근들은 정말 오랜 시간 동안 비상계엄과 내란을 철저하게 준비했다. 그런데 그 계획들이 모두 어긋났다. 그중 하나라도 들어맞았더라면 심각한 상황으로 이어졌을 것이다.

만약에 비상계엄이 단시간에 합법적으로 제압되지 않고 포고령대로 시행되었다면? 그래서 장갑차에 기관총으로 무장한 계엄군들이 시내를 활보했다면? 그런 상황을 받아들이고 고

비상계엄 해제 요구 결의안 가결 직후 긴급 기자회견
2024년 12월 4일 오전 1시 37분 국회 본회의장 앞

© 위성환

개를 숙인 채 숨죽이며 지낼 국민들이 아니다. 분명히 불의에 맞서 저항했을 것이다.

국민들이 저항하면 계엄군도 순순히 물러날 리 없다. 국민과 계엄군이 서로 충돌할 수밖에 없는 상황에 내몰린다. 그러면 엄청난 민간인 사상자가 발생하고, 우리나라는 망하는 길로 접어들 것이다. 게다가 친위쿠데타로 무소불위의 권력을 장악한 새로운 군사정권이 언제까지 이어질지 아무도 알 수 없는 대혼란의 상황에 빠지게 된다.

성공한 계엄은 반드시 독재로 이어진다. 독재를 하기 위해 불법 계엄을 밀어붙인 것 아닌가. 저들의 계엄 시나리오를 보면, 성공했을 경우 군정을 하면서 영구집권을 기도했을 것이 명백하다.

만약 날짜가 화요일인 12월 3일이 아니라 토요일이나 일요일인 주말 어느 날이었다면? 비상계엄을 선포한 시간이 밤 10시 28분이 아니라 다들 곤히 잠든 새벽 서너 시였다면? 더 치밀하게 준비해서 비상계엄 사실을 공개적으로 발표하지 않고 몰래 시행했다면? 국회의장과 부의장, 민주당 대표인 내가 비상계엄 해제 의결 전에 계엄군에 체포되었다면?

수방사에서 헬기 비행 통제를 하지 않고 대충 허가해서 국회 운동장에 특전사 헬기가 일찍 도착했더라면? 국회의사당 안에 진입한 군인들의 현장 지휘관들이 상관의 명령에 따라 국회 본회의장에 '문 부수고 쳐들어가 국회의원들을 끌어냈다'면? 국회에 출동한 계엄군들에게 개별적으로 실탄을 지급했다면? 계엄군이 총구에 착검을 했다면? 현장에 동원된 군인들이 태업하지 않고 적극적으로 임무 수행에 나섰다면?

12월 3일과 4일 계엄의 밤에 믿을 수 없는 수많은 우연들이 퍼즐 조각처럼 모여서 역사적인 그림을 만들었다. 그런 가운데 무도한 비상계엄을 결정적으로 막아낸 필연이 있다. 방송 뉴스를 보고, 유튜브 방송을 보고, SNS 메신저를 보고 곧장 국회로 달려온 시민들이다. 비상계엄이 해제되지 않았다면 자칫 목숨을 잃을 수도 있는 위험한 상황인데도 한 치의 망설임도 없이 장갑차를 온몸으로 막고 계엄군에게 경고했다. 그들의 양심을 움직이게 만들었다.

당시 비상계엄과 관련된 여러 증언들을 보면, 국회에 모인 평범한 시민들을 보고 나서 군인들이 '이건 아닌데…' 하며 망설이고 갈등했다고 하지 않는가. 군인들을 주춤하게 만들었던 그 시민들의 동참이 얼마나 소중했는지 이제는 누구나 다 알 것이다.

당시 국회로 모여들어 비상계엄을 막아섰던 한 사람 한 사람의 행동이 모두 역사에 남을 장면들이다. 그들이 누구인지,

어떤 마음을 가지고 함께했는지 시간이 걸리더라도 반드시 정확한 기록으로 남겨야 한다. 대한민국을 지킨 영웅들이기 때문이다.

미국의 오판을 막아라

나는 윤석열 대통령의 비상계엄을 무력화하려면 국제사회의 여론도 중요하다고 봤다. 특히 미국의 반응이 중요하다고 판단했다. 그래서 나는 미국 측에 비상계엄의 위헌성과 위법성, 민주주의 유린을 명확히 설명해주고 싶었다. 비상계엄 선포 직후부터 민주당의 외교력을 총동원했다.

내가 그런 판단을 한 것은 1980년 '오월 광주' 때의 상황이 반면교사처럼 머리를 스치고 지나갔기 때문이다. 미국은 당시 전두환 세력의 쿠데타를 결과적으로 용인해준 셈이었고, 이것은 이후 한국 내의 반미 감정을 불러일으키는 주요 원인이 되었다. 만약 미국이 이번에도 1980년 광주처럼 오판을 한다면 그것은 한국과 미국 모두에게 불행한 결과를 초래할 수밖에 없었다.

나는 위성락 민주당 의원에게 미국과의 가교 역할을 부탁했다. 위 의원은 미국 정계에 다양한 채널이 있는 '지미파'다. 12월 3일 오후 11시 전후로 위 의원과 통화를 했다. 그는 필립 골드버그 당시 주한 미국대사에게 연락을 했는데 전화를 받지 않아 계속 접촉을 시도하고 있다고 했다. 나는 위 의원에게 명확한 지침을 내렸다. "미국 정부에 불법 비상계엄으로 인해 한미동맹의 가치가 훼손되면 안 된다는 것을 전해주십시오. 그리고 가급적 빠른 시간 안에 비상계엄에 반대하는 명확한 논조의 미국 정부 공식입장이 나올 수 있도록 노력해주십시오."

위성락 의원은 내게 받은 지침대로 골드버그 대사와 여러 차례 의견을 교환하면서 미국 측을 설득했다. 그리고 그 과정을 내게 실시간으로 보고했다. 골드버그 대사도 우려스러운 상황임을 감지하고 있었다. 위 의원은 한시가 급하다면서 "워싱턴에서 빠른 입장 표명이 나오기 어려우면 여기 서울(주한 미국대사관)에서라도 입장을 내달라"라고 미국 측에 여러 차례 요청했다.

이러한 우리의 노력이 빛을 발했다. 12월 3일 오후 11시 59

분 미국 백악관에서 첫 반응이 나왔다. "한국 정부와 연락 중이며, 비상계엄 상황을 긴밀히 모니터링하고 있다"라는 내용이었다. 곧이어 4일 오전 1시 31분에는 커트 캠벨 미국 국무부 부장관이 "한국의 (비상계엄) 상황을 중대한 우려 속에 주시하고 있다"라며 "법치에 따라 문제가 해결되기를 바란다"라는 입장을 밝혔다.

예상보다 빠르게 미국 측의 공식입장이 나온 것이다. 비상계엄 사태에 대한 우려와 비판을 담은 메시지였다. 이어서 윤석열 대통령이 "심한 오판"을 하고 있고, 비상계엄은 "불법적"이라는 강력한 비판이 미국 정부 측에서 나왔다. 캠벨 미국 국무부 부장관의 발언이었는데 국내외 언론에서도 큰 주목을 받았다. 그는 12월 4일(현지 시간) 아스펜전략포럼이 주최한 행사에 참석해 "윤석열 대통령은 '심한 오판'으로 계엄령을 선포했다. 매우 문제가 있고 불법적이다. 윤 대통령이 잘못 판단한 것 같다"면서도 한미동맹에 대해서는 "절대적으로 견고하다"라고 강조했다.

한국의 비상계엄과 윤석열 대통령 탄핵 초기 과정을 지켜본 골드버그 전 대사는 2025년 2월초 연합뉴스와의 인터뷰에서 "비상계엄은 '엄청난 실수'이자 '비민주적 행동'이며, 이 같은 입장을 당시에도 한국 측에 분명히 밝혔다"라고 말했다.

미국과의 관계에서 1980년 광주 때의 악몽은 재현되지 않았다. 윤석열 대통령은 미국의 강력한 비판 대상이 되었다. 지금 생각해보면 이것이 내란 세력의 기를 초기에 꺾고, 내란에 저항하는 국민들의 기를 살리는 데 매우 유효했다.

그 청년, 그 응원봉이 나를 울리다

"끝날 때까지 끝난 게 아니다"라는 말은 야구 경기에만 쓰이는 격언이 아니다. 대형 산불도 눈으로 보기에는 다 꺼진 것 같아도, 오랫동안 잔불이 남아 있어 어느 순간 바람이 세게 불면 다시 거센 화마로 돌변해버린다. 비상계엄과 내란 사태도 마찬가지다. 비상계엄이 해제되었다고 해서, 윤 대통령이 국회에서 탄핵되어 헌법재판소의 탄핵심판 절차를 밟고 있다고 해서 대한민국이 '비상사태'에서 벗어난 것은 아니다.

비상계엄이 해제되고도 한참 동안 민주당은 '비상 상황'에 대비했다. 막강한 권력과 공권력을 쥐고 있는 친위쿠데타 세력의 특성상 마음만 먹으면 언제든 2차, 3차 비상계엄을 시도

할 수 있는 상황이었다. 그러한 정황들에 대한 첩보와 정보들이 민주당에 쏟아졌다. 일단 국회에서 윤 대통령에 대한 탄핵안을 가결해 하루라도 빨리 직무정지를 시켜야만 했다. 그것이 잇따른 비상계엄 시도를 막을 수 있는 유일한 길이었다.

민주당 의원들에게 대통령 탄핵안이 가결되기 전까지는 국회 경내에 머물도록 했다. 겉으로는 평온해 보이지만 언제 무슨 일이 벌어져도 이상할 게 없는, 말 그대로 비상한 상황이었다. 국회에 머물다 보니 잠이 오지도 않았고 편하게 잠을 잘 수도 없었다. 그때마다 국회 담벼락 쪽을 둘러봤다.

그 야심한 시각에 국회 주변을 떠나지 않고 담벼락 근처에서 노숙을 하며 밤을 새우는 시민들이 많았다. 특히 국회 담벼락 펜스를 끌어안고 잠든 청년들이 눈에 띄었다. 대통령 탄핵안이 통과되기 전까지는 안심할 수 없으니 그렇게 풍찬노숙을 자처하고 나선 것이다. 혹시라도 경찰에 끌려갈지 모르니 담벼락 쇠창살을 움켜잡고 잠시 눈을 붙인 게 아닌가 싶었다. 그 모습에 울컥했다. 민주당 당직자에게 밤샘용 텐트를 쳐주라고 지시했다.

2024년 12월 14일 토요일은 역사적인 날이다. 드디어 윤석열 대통령 탄핵안이 국회에서 가결되었다. 내 예상보다 일

주일 정도 빨랐다. 탄핵안이 가결되려면 민주당과 야권 의원들의 표만으로는 부족하니 여당인 국민의힘 의원들 중에 일부가 탄핵안에 찬성표를 던져야 하는데 그러려면 시간이 좀 더 걸릴 것이라고 생각했다. 그런데 혹한에도 수십만 명의 국민들이 국회 앞에 모여 윤석열 대통령 탄핵을 명령하니 탄핵 시도 2주째에 그것이 가능했다. 모두 다 국민들 덕분이다.

주권자 국민들의 탄핵 명령은 일부 국민의힘 의원들을 동요시켰다. 이 과정에서 한동훈 당시 국민의힘 대표의 역할도 있었다. 한동훈 전 대표는 윤석열 대통령이 12월 3일 밤 비상계엄을 선포하자 신속하게 반대 입장을 분명히 했고, 그 후 며칠간 우여곡절이 있었지만 결국 탄핵에도 찬성했다. 여권 내에서는 입장이 난처할 수도 있었는데, 비상계엄 반대와 탄핵 찬성이라는 어려운 결단을 했으니 역사에 남을 만한 헌신을 한 셈이다.

국회에서 탄핵안이 가결된 날은 날씨가 매우 추웠는데도 셀수 없을 만큼 수많은 인파가 낮부터 밤늦게까지 국회 앞 여의도 일대에 모였다. 탄핵안 가결 소식에 저녁 집회 분위기도 들떠 있었다. 열흘 넘게 국회 안에 갇혀 있던 나도 오랜만에 밖으로 나와 집회에 참석했다.

그동안 고생하신 시민들에게 감사의 인사를 드리려고 단상

윤석열 대통령 사퇴 촉구·탄핵 추진 범국민 촛불문화제
2024년 12월 4일 국회 본청 앞

위에 올라갔다. 끝이 보이지 않는 엄청난 인파, 그들의 손에 들린 형형색색의 응원봉 불빛을 보자 숨이 막혔다. 오색찬란한 불빛은 또 다른 세계에 들어온 듯한 환상을 불러일으켰다. 가슴속 깊은 곳에서부터 미안하고 고마운 감정이 뒤섞여 올라왔다.

나도 모르게 뜨거운 눈물이 흘렀다. 정치적 수사가 아니다. 내가 지금까지 포기하지 않고 정치인의 길을 걸을 수 있었던 것은 국민들의 위대함을 믿기 때문이다. 오로지 믿을 건 그것뿐이었다. 12월 3일 밤 비상계엄 소식을 듣고 국회로 달려오면서 긴급 생방송으로 "여러분, 국회로 와주십시오"라고 외치던 때가 오버랩 되었다. 믿을 수 있는 건 국민밖에 없으니까 주저하지 않고 그렇게 유튜브 라이브 방송을 켜서 도움을 요청할 수 있었다. 그리고 우리 국민들은 응답했고, 여기까지 왔고, 나는 '1차전 승리'를 확인하는 무대에 올라 그들의 응원봉 불빛 혁명을 바라보았다. 그러니 뜨거운 눈물이 주르륵 흘러나올 수밖에 없었다.

나중에 들어보니 감동 사연은 헤아릴 수 없이 많았다. 그날 밤, 비상계엄이 선포되자마자 국회 앞으로 달려온 사람들 중에는 반팔 차림에 슬리퍼를 신고 나온 사람들도 꽤 있었다고 한다. 오로지 민주주의를 지켜야 한다는 생각에 서둘러 집을

나서느라 영하의 날씨에 반팔 차림으로 나온 것이다. 그날, 자
칫 잘못되었으면 총격에 목숨을 잃을 수도 있었는데…. 우리
국민들은 그렇게 민주주의를 지켜냈다.

악을 악으로 덮는 자의 최후

많은 사람들이 궁금해한다. 언론에서도 내게 묻는다. 윤석열 정권이 비상계엄과 내란을 벌일 것이라는 걸 언제 알게 되었는가. 시도할 것이라는 확신이 있었는가.

나는 꽤 오래전부터 그런 징후를 눈치챘다. 그리고 차곡차곡 쌓인 첩보와 정보들을 보면서 뭔가 심상치 않은 일들을 벌이고 있다는 확신을 하고 있었다.

윤석열 정권에 대한 나의 질문들은 쌓여갔다. 왜 저럴까? 저렇게까지 폭주하는 이유는 무엇일까? 모든 타협에는 문을 걸어 잠그고, 배제와 은둔의 정치를 고집하는 까닭은 무엇일까? 상식적으로 납득되지 않는 일들이 연달아 발생하는 것을 보면서 이 정권의 갈 길이 영구집권을 꿈꾸는 것밖에 없다는 판단이 확실히 들었다.

내 입으로 이야기를 하진 않았지만, 나는 2024년 4월 총선 전부터 비상계엄 가능성이 매우 높다고 확신했다. 총선 전부터 윤 대통령이 비상계엄이 아니라 경비계엄을 할 것이라는 소문이 나돌았다. 게다가 경찰기동대를 계속 창설하고 있다는 이야기를 들었다. 나는 그때에도 만약 그렇게 시도한다면, 경비계엄으로는 약하고 비상계엄을 선택할 것이라고 생각했다.

지난 총선에서 더불어민주당을 비롯한 야당이 압승했다. 야당은 국회 의석의 3분의 2에 가까운 192석을 차지했고, 여당인 국민의힘은 108석을 얻는 데 그쳤다. 총선 이후 윤석열 정부가 하는 일들을 보니까, 막다른 골목을 향해서 질주하는 모습이었다.

대표적인 징후는 김문수 고용노동부 장관의 국회 인사청문회 때 나타났다. 이전 청문회 때와는 전혀 달랐다. 장관 후보자 스스로 이념의 투사처럼 거친 극우 성향을 작심한 듯 드러냈다.

《군주론》의 저자인 니콜로 마키아벨리는 대중의 인기를 잃은 독재자들이 가는 길은 정해져 있다고 했다. 그 독재자들은 강력한 병사들을 데리고 요새로 가서 칩거한다. 그리고 요새의 성문을 지키는 자는 절대 스스로 열고 나가지 않을 만한, 배신해봐야 상대편에서 환영받지 못할 만한 사람으로 세운다. 윤 대통령 입장에서는 김문수 장관 같은 사람이 그런 측면에서 아주 유용했을 것이다.

김문수 장관뿐만이 아니다. 윤석열 정부의 국무총리와 장관들은 민의의 전당인 국회에 오면 완전히 검투사로 변했다. 2024년 9월에는 반인권적인 생각과 행보를 보여온 안창호 전 헌법재판관을 인권의 보호와 향상을 목적으로 하는 국가독립기관인 국가인권위원회 위원장에 임명했다. 김용원 인권위원은 한술 더 떠 국회에 와서도 오만불손한 태도로 임해 상임위 도중 여러 차례 경고를 받기도 했다.

이런 인사들이 주요하게 포진해 있다 보니 2025년 2월 11일 안창호, 강정혜, 김용원, 이충상, 이한별, 한석훈 등 6명의 국가인권위원회 인권위원이 '헌법재판소·법원·수사기관에 대한 계엄 선포로 야기된 국가적 위기 관련 권고 및 의견표명 의결'을 강행 처리하는 일까지 발생했다. "헌법재판소에 윤석열 대통령에게 불리한 증거를 채택하지 말 것, 법원과 수사기관에 윤석열 대통령과 계엄 관련자들을 구속기소하거나 수사하지 말 것"을 압박하는 내용이다. 한마디로 내란수괴로 지목된 윤석열 대통령에게 면죄부를 주라는 것이다.

2024년 8월 독립기념관장에 임명된 김형석 관장도 그 밥에 그 나물이다. 김 관장은 교수 시절 한 보수단체 강연에서 "1945년 8월 15일은 광복절이 아니다", "1948년 이전엔 우리 국민은 없고 일본 국민만 있었다" 등 뉴라이트 역사관을 피력했다. 이에 임명 전부터 광복회(회장 이종찬)에서는 "일제강점기 식민지배와 친일반민족행위를 미화하고 대한민국 임시정부 정통성을 부정하는 뉴라이트 인사를 독립기념관장에 앉히려 한다"라며 강하게 비판했다.

이런 해괴망측한 인사를 좌고우면하지 않고 연달아 하는 것을 보고 기가 막혔다. 저런 식으로 국정을 운영해서는 결코 민주정치를 할 수가 없고, 민주공화정을 유지할 수가 없다. 2024년 대한민국에서 벌어진, 믿기 힘든 일련의 과정들을 보고 겪으면서 퇴로를 차단하고 질주하는 윤석열 정권이 향하는 곳이 어디인지 직감하고 확신할 수 있었다. 그 결과가 비상계엄, 내란이었다.

예상을 했어도 12·3 비상계엄은 우리를 무척 놀라게 했다. 그래도 대통령이 법률가 출신이니 최소한 법적 형식과 절차는 갖출 것이라고 생각했는데, 그러한 요건을 하나도 갖추지 못한 상태에서 불법 비상계엄을 밀어붙였기 때문이다.

비상계엄 이전부터 윤석열 정부의 '짜고 치는 고스톱' 같은 안보 불안을 자극하는 자작극의 징후는 곳곳에서 드러났다. 여러 가지 정보와 팩트를 크로스체크해보니, 최종 결론은 윤석열 정부가 북한을 최대한 자극해서 국지전을 유발하고, 이를 통해서 비상계엄을 선포하고, 군정으로 장기집권을 유지해나가는 게 목표라는 확신을 갖게 되었다. 나도 직간접적으로 사전 경고를 여러 차례 했고, 김민석 민주당 의원 등과 협의하면서 공개석상에서 윤석열 정부에 경고 사인을 지속적으로 보냈다.

윤 대통령은 점차 시간이 지나면서 자신에게 다가오는 위험을 느꼈을 것이다. 처음의 잘못은 따지고 보면 지금에 비해 상대적으로 작은 문제였을 수 있다. 그런데 작은 문제를 덮고 감추기 위해서 더 큰 나쁜 일들을 자꾸 벌여왔다. 그렇게 새로운 악으로 기존의 악을 덮다가 그 악이 눈덩이처럼 불어난 것이다. 그리고 결코 씻을 수 없는 내란과 군사쿠데타로까지 이어졌다. 그것도 현직 대통령이 '내란수괴'라는, 결코 용서받을 수 없는 중범죄자가 된 것이다.

비상계엄이 해제되지 않았다면? 저들의 시나리오대로 흘러갔다면? 상상하기도 싫을 만큼 끔찍한 상황이 벌어졌을 것이다. 저들은 나를 고문하면서 지난 대통령 선거가 부정선거였다는 허위자백을 받아내려고 발버둥을 쳤을 것이다. 그리고 박종철 열사 때처럼 '탁치니 억하고 죽더라'는 식으로 쥐도 새도 모르게 없애버렸을 수도 있다. 죽음은 두렵지 않지만, 그렇게 죽임을 당하는 것은 두려운 일이다.

어디 나뿐이었겠는가? 500여 명이나 된다는 이른바 체포 대상자들이, 그보다 더 많은 사람들이 체포되거나 목숨을 잃었을 수도 있다. 그 비극을 막아준 우리 국민들을 생각하면 미안하고 고맙고 가슴 아파서 다시 눈물이 난다.

2장

내란 진압

국민은 위대했다

새벽 1시 37분, 잠 못 드는 국민 앞에 서다

2년 같았던 이틀이었다. 2024년 12월 3일 밤 10시 28분 마른하늘에 날벼락 같은 비상계엄이 선포되었다. 급하게 나오느라 슬리퍼에 반팔 차림의 시민들까지 국회 앞으로 모였다. 민주당 국회의원들은 국회 담을 넘어 계엄군을 헤집고 본회의장으로 들어왔다. 해외에 나가 있는 의원들을 제외한 165명, 단 한 명도 빠지지 않았다.

신속한 계엄해제. 국민의 명령이었다. 1분 1초가 1년 한 달처럼 느껴졌다. 국회의사당 유리창을 깨고 들어온 계엄군은 당장이라도 본회의장에 진입할 태세였다. 12월 4일 오전 1시께 재석 190명, 찬성 190명 만장일치로 '비상계엄 해제 요구

비상계엄 해제 요구 결의안 가결 직후 긴급 기자회견
2024년 12월 4일 오전 1시 37분 국회 본회의장 앞

결의안'이 가결되었다. 불법 계엄 선포를 합법 계엄 해제로 막은 것이다. 잠 못 드는 국민들께 당당하게 알렸다. "비상계엄은 원래부터 무효였고, 국회 의결로 다시 한번 무효임이 확인되었습니다."

* * *

존경하는 국민 여러분, 이번 윤석열 대통령의 계엄 선포는 헌법과 계엄법이 정한 비상계엄 선포의 실질적 요건을 전혀 갖추지 않은 불법·위헌입니다. 계엄법에 따르면 비상계엄 선포는 국무회의 의결을 거쳐서 하게 되어 있는데, 국무회의의 의결을 거치지 않았기 때문에 절차법적으로도 명백한 불법 계엄 선포입니다.

이미 절차적으로나 실체적으로 위헌·불법이기 때문에 원천 무효이지만 국회가 헌법과 계엄법에 따른 해제 의결을 했기 때문에 대통령은 이론적으로는 국무회의를 열어 즉시 계엄 해제를 해야 합니다. 하지만 이 계엄 선포 자체가 실체적, 절차적 요건을 갖추지 않은 원천 무효이기 때문에 국회의 이번 해제 의결로써 위헌·무효임이 확정적으로 확인되었습니다. 따라서 원래부터 비상계엄 선포는 위헌·무효이지만, 이번 국회 의결로 위헌·무효임이 한 번 더 확인된 것입니다.

계엄 선포에 기반한 대통령의 모든 명령은 위헌·무효·불법입니다. 경찰·국군 장병 여러분, 지금부터 대통령의 불법 계엄 선포에 따른 대통령의 명령은 헌법과 법률을 위반한 명백한 불법 명령입니다.

위헌·무효인 대통령의 명령을 따르는 것은 그 자체가 불법입니다. 상사의 불법적, 위헌적 명령을 따르는 행위조차 공범입니다. 지금 이 순간부터 국군 장병 여러분, 그리고 경찰 여러분, 본연의 자리로 신속하게 복귀하고 본연의 역할에 충실하기 바랍니다. 여러분을 지휘하는 것은 불법 계엄을 선포한, 위헌·무효인 계엄을 선포한 대통령이 아닙니다. 여러분은 국민의, 주권자의 명령에 따라야 합니다.

국민 여러분, 비상계엄은 원래부터 무효였고, 국회 의결로 무효임이 다시 한번 확인되었습니다. 우리 국회는 주권자인 국민이 위임한 그 권한으로 국회를 지키면서 민주공화국 대한민국의 헌정질서를 굳건하게 지켜나가겠습니다.

국민 여러분, 안심하십시오. 위기는 곧 기회입니다. 이 나라가 후퇴에 후퇴를 거듭하고 있지만, 이번 불법·위헌 계엄 선포로 인하여 더 나쁜 상황으로 추락하는 것이 아니라 이제 그 악순환을 끊어내고 다시 정상 사회로 되돌아가는 결정적인 계기가 될 것입니다. 국민 여러분께서 이 민주공화정을 회복하는 엄중한 여정에 함께해주시기를 바랍니다.

저와 민주당 국회의원, 그리고 많은 이들이 목숨을 걸고 민주주의와 이 나라의 미래와 국민의 안전과 생명, 재산을 지켜내겠습니다. 안심하십시오, 국민 여러분. 저희가 목숨을 바쳐 반드시 지켜내겠습니다.

비상계엄 해제 요구 결의안 가결 직후 긴급 기자회견 모두발언
2024년 12월 4일 오전 1시 37분 국회 본회의장 앞

제2의 계엄을 막자

국민들의 힘으로 비상계엄이 해제되었다. 21세기 경제·문화 강국으로 세계의 주목을 받던 대한민국에서 벌어진 일이라는 게 믿기지 않았다. 이게 사실인가. 현실이 맞나. 혹시 꿈을 꾸고 있는 건 아닐까. 안타깝게도 가상이 아닌 현실이었다.

이 나라의 주인은 국민이다. 대통령이나 국회의원 그리고 모든 공직자들은 국민으로부터 위임받은 권력을 정해진 기간 동안 대리 행사하는 한정된 권한만 부여받았을 뿐이다. 더 이상 참을 수도 용서할 수도 없었다. 하루라도 빨리 '내란 대통령'을 권좌에서 끌어내려야 한다. 법이 허용한 유일한 방법은 '탄핵'이었다. 현실 가능성이 높은 제2의 계엄을 원천 봉쇄하는 유일한 방법이기도 했다.

$$* * *$$

존경하는 국민 여러분, 그리고 이 자리에 함께하고 계신 민주시민 여러분, 어젯밤 참으로 많이 놀라지 않았습니까? 저는 어제 밤을 새우면서 이상한 나라로 가버린 앨리스 같은 느낌, 마치 만화 속에 들어간 느낌이었습니다.

21세기 세계 10대 경제 강국, 문화 강국, 그리고 5대 군사 강국으로 성장하던 이 나라가 총칼을 든 군인이 사법, 행정 권한을 통째로 행사하는 원시적인 나라로 되돌아가는구나 싶어 웃음밖에 나오지 않았습니다. 헛웃음이 자꾸 나왔습니다. '이게 사실일까, 혹시 꿈을 꾸고 있는 것은 아닐까?' 이언주 최고위원이 "꼬집어드릴까요?" 하더군요.

국민 여러분, 이 나라의 주인은 국민이고, 대통령·국회의원이 행사하는 그 모든 권리도 결국 국민으로부터 온 것이고, 그 권력은 오로지 국가와 국민만을 위해 사용되어야 합니다. 윤석열 대통령은 이 나라의 지배자가 아니라, 이 나라의 주권자인 국민의 충직한 일꾼, 머슴일 뿐입니다. 그런데 자신이 가진 권력으로 국민이 피땀 흘려 낸 세금으로 무장한 군인들을 동원해서 국민에게 총칼을 들이댄다는 이 현실이 믿어지십니까? 참는데도 한계가 있습니다. 이제 더 이상 참을 수도, 용서할 수도 없지 않습니까?

국민의힘 국회의원, 그리고 국민의힘을 지지하는 국민들께도 꼭 말씀드리고 싶습니다. 윤석열 대통령은 정상적이고 합리적인 판단을 하기 어려운 상태로 보입니다. 그가 아무리 무능하든, 아무리 불량하든 상식을 가지고 있다면 위험하지는 않습니다. 그런데 어젯밤부터 새벽 사이에 벌어진 일들을 보면 5200만 국민들의 삶을 통째로 책임지고, 이 나라의 운명을 책임지는 사람의 행동으로는 도저히 볼 수 없었습니다. "계엄을 준비하는 것 같다"라고 말했더니 헛소문 퍼뜨린다고 비난하고, "국회에서 의결해서 해제하면 그만인데 그런 계엄을 왜 하겠냐"라고 뻔뻔스럽게 이야기했었습니다.

상식을 가진 보통의 합리적인 사람이라면 결코 비상계엄 같은 건 꿈도 꾸지 않았을 것입니다. 그러나 윤석열 대통령이기 때문에, 윤석열 정권이기 때문에 그 무능과 무관심과 부도덕

성의 끝은 민생의 위기일 수밖에 없고, 경제위기일 수밖에 없고, 안보위기일 수밖에 없고, 국민으로부터 버림받는 것밖에 없기 때문에 마지막 가는 길은 결국 무력에 의존할 수밖에 없었던 것입니다.

걱정 삼아 또 한마디 드리겠습니다. 이게 가장 위험한 일이 아닙니다. 계엄은 상황이 정비되고 호전되면 또다시 시도할 것으로 생각합니다. 그래서 우리가 지금까지보다 더 단단하게 대비해야 합니다. 국회의원의 힘만으로는 견뎌내기 어렵습니다. 이 나라의 주권자인 국민 여러분께서 함께해주십시오.

어제 군인들이 창을 깨고 창틀을 넘어 침입했을 때도 온몸 던져 총 맞을 각오로 싸웠던 시민들이 있었기 때문에 국회의원들이 체포당하지 않았고, 본회의장을 뺏기지 않아서 합헌적으로 계엄 해제 의결을 할 수 있었던 것입니다.

제가 국회로 오면서 국민 여러분께 국회로 와주십사 하고 간절히 호소드렸습니다. 여러분께서도 꼭 그 말 때문이 아니라, 이 나라 주인의 한 사람으로서 자신과 가족들의 미래, 이 나라를 지켜내기 위해서 스스로 함께하신 것 아닙니까?

© 위성환

윤석열 대통령 사퇴 촉구·탄핵 추진 비상시국대회
2024년 12월 4일 낮 12시 국회 본청 앞

장갑차 앞에 앉아서 장갑차를 막고, 실탄 탄창을 꽂은 자동소총 앞에서 함께 맞서 싸운 여러분이 없었다면 어떻게 이 몰염치한 정권의 친위쿠데타 내란 행위를 막을 수 있었겠습니까? 국민 여러분이 이 나라의 주인이라는 사실은 헌법 제1조에만 쓰여 있는 것이 아니라 바로 이 투쟁의 현장에서, 삶의 현장에서 여러분 스스로가 증명하고 계십니다. 감사드립니다.

저들도 준비할 것입니다. 한 번 실패했기 때문에 부족한 점을 채워서 다시 시도할 것입니다. 그때도 국민들께서, 그리고 더불어민주당과 국회의원들이 나서서 반드시 싸워 이길 것입니다.

그러나 더 큰 위험이 있습니다. 그들은 쉽게 포기하지 않습니다. 합리적이지 않습니다. 예측 불가능합니다. 보통의 사람들이 쓰는 판단기준에 의해서 판단하지 않습니다. 보통 사람들의 잣대에 따라 행동하지 않습니다. 그래서 무력을 동원한 비상계엄 조치가 실효성이 없다고 판단되는 순간에 그들이 국지전이라도 벌일 것이라고 저는 생각합니다.

그들에게는 생명존중 사고가 없습니다. 사랑이 없습니다.

배려가 없습니다. 인간애가 없습니다. 자신의 손톱만 한 이익을 위해서 거대한 파괴를 마다하지 않는 자들입니다. 그래서 북한을 자극하고, 휴전선을 교란시키고, 결국에 무력 충돌로 이끌어갈 위험이 상당히 높습니다.

국민 여러분께서 함께 지켜주셔야 합니다. 전쟁을 결정하는 자들은 권력자들입니다. 그러나 전쟁으로 죽어가는 이들은 아무것도 모르는 우리 청년들입니다. 결코 일어나서는 안 될 일이지만, 권력 유지를 위해서 수없이 많은 사람들의 인권을 유린하는 비상계엄만으로 부족하다면 저들은 우리 국민들의 생명을 갖다 바칠 것이 분명합니다.

경각심을 가지고 함께 싸웁시다. 국민이 준 권력으로 국민을 향해 쿠데타를 했습니다. 국민이 준 권력으로 대통령, 그리고 자신의 아내를 위한 친위쿠데타를 했습니다. 이 쿠데타를 이겨낸 것은 바로 위대한 대한민국 국민입니다. 위대한 우리 국민과 함께 싸우겠습니다.

윤석열 대통령 사퇴 촉구·탄핵 추진 비상시국대회 모두발언
2024년 12월 4일 낮 12시 국회 본청 앞

그는 왕이 되고 싶었다

    비상계엄 선포가 있은 지 이틀이 지났다. 아직도 현실감이 없다. 그만큼 믿기지도 믿을 수도 없는 상황이 벌어진 것이다. 중립적 헌법기관인 중앙선거관리위원회에 군인을 보내 장악을 시도했다. 국회의장과 여야 정당 대표, 주요 정치인들을 체포·감금해 입법부를 무력화하려고 했다. 사법부도 계엄사령관 지휘 아래 두려고 했다. 헌법은 물론 계엄법까지 위반한 명백한 불법이었다.

    윤석열 대통령은 무엇 때문에 이처럼 무도한 일을 벌였을까? 그는 왕이 되고자 했던 것이다. 전제군주가 되려고 했던 것이다. 민주공화정 대한민국의 모든 헌정질서를 파괴하고,

'윤석열 왕국'을 꿈꿨던 것이다. 우연에 우연이 거듭되면서 기적처럼 비상계엄과 친위쿠데타 시도는 불발에 그쳤다. 절대왕정을 꿈꾸며 반란을 일으킨 자들이 대한민국을 활보하게 만들 수는 없다.

* * *

존경하는 국민 여러분, 내란 세력의 친위쿠데타가 국민 여러분의 투쟁으로 좌절된 지 이제 이틀이 지나갑니다. 생각하면 지금 이 순간도 그렇지만, 꿈인 것 같습니다. 현실감이 여전히 잘 들지 않습니다.

여러분도 한번 생각해보십시오. 현재 이 상황은 일면 어처구니없고, 웃기기도 하고, 슬프기도 하고, 황당하기도 하고, 참 복잡한 상황입니다. 21세기 대한민국에서 군인을 통해 사법권을 완전 장악하고 재판까지 계엄사령관 지휘하에 마음대로 하겠다, 행정 권한이야 자기가 가지고 있다고 쳐도, 예를 들면 중립적 기관인 선관위에 군인들을 보내서 선관위 장악을 기도하는 것, 대한민국의 모든 행정·사법 권력을 완전히 독점하겠다, 전횡하겠다, 마음대로 하겠다는 시도를 한 것입니다.

당연히 독립되어야 하고, 계엄 자체도 통제하고 견제하도록 헌법에 정하고 있는 국회마저 헌법과 계엄법을 완전히 무시하고 해제 의결도 하지 못하도록 물리적으로 장악하고, 의장·야당 대표·여당 대표·주요 정치인들을 체포·감금하려는 계획하에 실제 체포활동도 했습니다. 국회까지 완전 무력화하겠다는 시도를 한 것입니다.

결론은 무엇입니까? 왕이 되고자 한 것입니다. 전제군주가 되려고 한 것입니다. 민주공화국 대한민국의 모든 헌정질서를 완전히 파괴하고, 모든 헌법기관·국가기관을 자기 손아귀에 넣고 왕으로서 전제군주로서 전적인 권한을 행사하려 했던 것입니다. 실질적인 왕정을 꿈꾸었던 친위쿠데타입니다. 현재 대통령 권한을 넘어서서 입법권과 사법권까지 완전히 장악한 절대군주가 되려고 했던 것이 바로 이번 비상계엄 선포 친위쿠데타 사건의 본질입니다.

다행히도 이 어처구니없는 시도에 불응한 장병들도 많습니다. 그리고 그 명령에 응한 지휘관과 병사들조차도 국민들을 살상하지 않기 위해서 노력했습니다. 파괴를 최소화하기 위해 노력했고, 개머리판으로 사람을 폭행하고 총을 쏘지 않는 대신에 최소한의 직무수행에 시민들의 피해를 최소화하려는 노력을 했던 것입니다. 그리고 치열하게 목숨을 걸고 싸운 당직자, 보좌관, 국회의원, 야밤에 갑자기 잠자리에서 일어나 국회로 달려온 시민들, 그 힘으로 쿠데타를 좌절시켰습니다.

이런 상상을 한번 해보십시오. 만약에 대통령의 불법적인 군사쿠데타를 위한 명령에 압도적 다수의 군 장병들이 응했더라면, 이 쿠데타의 현장에 동원되었던 지휘관과 병사들이 조금만 더 빨리 국회를 장악하고 국회 요인들을 체포했더라면, 이들이 조금만 더 신속하게 움직여서 의결 절차 전에 국회를 장악했더라면, 조금만 더 적극적으로 체포활동에 나섰더라면, 조금만 더 그 명령을 적극적으로 수용했더라면 어떻게 되었을까?

또 국회의원들, 여기 계신 민주당 의원들을 포함해서 지도부와 의원들이 군사쿠데타 소식을 듣고 자신의 안위를 먼저 걱정해서 몸을 숨기는 데 급급했더라면, 국회가 봉쇄되었을 때 경찰이 막는다는 이유로 국회 진입을 포기했더라면, 담장을 넘지 않았더라면, 이런 우연적 요소들을 단 한 가지라도 뺐더라면 윤석열 왕조가 개창되는 이 역사적인 반동을 막을 수 없었을 것입니다. 끔찍하지 않습니까?

실제로 친위쿠데타, 왕조 개창을 위한 이 어처구니없는, 만화에나 나올 법한 시도가 성공했을 때를 상상해보십시오. 윤석열과 김건희, 그의 일족, 그의 가신들, 그를 옹위하는 무리들이 대한민국의 모든 입법·사법·행정 권력을 장악하고, 마음대로 재판하고 마음대로 잡아넣고 마음대로 결정하고 마음대로 이 나라 운명을 재단했을 때 이 나라 경제는 어떻게 되었겠습니까?

합리성을 생명으로 하는 경제, 예측 가능성을 전제하는 경제가 이런 불합리하고 불공정하고 예측 불가능하고, 불안정한 대한민국 경제체제가 살아날 수 있겠습니까? 국제 투자자들이 이런 말 같지도 않은 대한민국에 과연 투자하겠습니까? 이런 만화 같은 대한민국에 사는 우리 국민들이 성실하게 열정을 가지고 일하겠습니까? 의욕을 가지고 창의적으로 세상을 살아갈 수 있겠습니까? 그럴 경우에 대한민국의 경제, 민생, 위상, 품격, 미래는 어떻게 되겠습니까?

그런데 성공했을 때 벌어졌을 이 어처구니없는 일들이 다시 발생할 수도 있습니다. 우리는 이 순간을 실제로 살아가고 있기 때문에 그 느낌이 완전하지 않을 수 있습니다. 거대한 역사의 흐름의 한 장면이기 때문에 그 장면이 갖는 역사적 엄중함을 제대로 체감하기 어려울 수도 있습니다. 그러나 이 현장을 떠나서, 지금 이 순간을 벗어나서 다른 시간의 눈으로, 역사와 세계의 눈으로 이 순간을 지켜보십시오. 어쩌면 우리가 현상을 파악하고 이 현상에 대응하는 것 자체가 어처구니없는 상황일 수도 있습니다. 이 상황을 우리가 생각하는 것 이상으로 더 엄중하게 받아들여야 할 수도 있습니다.

결론적으로 말씀드리면, 대한민국은 지금 황폐화된 후진적인 제3세계로 몰락할 것인지, 아니면 세계 속에서 자부심을 가지고 인정받으면서 합리적으로 경쟁하는 국제사회의 일원이 될 것인지 그 갈림길에 있습니다.

이 자리에 계신 언론인 여러분 그리고 이 장면을 지켜보고 계실 국민 여러분, 지금 이 순간은 우리, 우리의 다음 세대, 대한민국의 미래를 결정하는 분수령과 같은 순간이고 지점입니다. 그리고 작은 영향력이라도 미치는 모든 사람들의 행위는 거대한 대한민국의 역사를 결정하는 핵심적 구성요소가 될 것입니다. 아무리 많은 권력과 지위, 영향력을 가졌든 미미한 위치에 있든 그 모든 것들이 합쳐져서 태산을 이루는 것처럼 이 나라 운명을 결정하게 될 것입니다. 외면하지 말고, 포기하지 말고, 외로워하지 말고, 우리 모두 힘을 합쳐서 이 위기를 반드시 이겨내기를 기대합니다.

그런 측면에서 윤석열 대통령에 대한 탄핵은 반드시 해내야 합니다. 누군가의 이익을 위해서가 아니라, 누군가의 행위에 대한 합당한 제재를 위해서가 아니라 우리 모두를 위해서 반드시 필요한 일입니다. 비상계엄이 역사 속에서 사라졌던 이유가 있습니다. 결코 해서는 안 될 일이기 때문입니다. 그런데 비상계엄, 친위쿠데타가 다시 무덤에서 살아났습니다. 이제 다시 무덤으로 돌려보내고, 무덤에서 부활하지 못하도록 완벽하게 봉인장치를 해야 하는 것이 우리의 책임입니다.

한동훈 대표를 포함한 국민의힘에도 한말씀 드리겠습니다. 제가 한동훈 대표에게 전화도 드리고, 비서실장을 통해서 대화도 요청했지만 아무 반응이 없습니다. 대범하게 본인에게 주어진 역사적 책임을 다하십시오. 이익을 챙기려고 하면, 이익을 얻지 못할 뿐만 아니라 손실을 입는 게 세상의 이치입니

윤석열 대통령 탄핵소추안 국회 본회의 보고를 앞두고
2024년 12월 5일 오전 12시 50분 국회 본회의장

다. 작은 이익이 아니라 대의와 국익, 모두의 이익을 추구하는 것이 정치인 본연의 책임이고 그렇게 해야 국민으로부터 인정받을 수 있다는 말씀을 드립니다.

윤석열 대통령을 포함한 친위 세력들은 이제 건강한 대한민국 생명체에 질병이 되었습니다. 치료해야 합니다. 건강한 대한민국을 회복하기 위해서는 반드시 내란 세력, 쿠데타 세력을 대한민국 정치에서, 대한민국에서 치료해내야 합니다.

국민의힘은 왕을 꿈꾸는 전제군주가 되고자 하는 윤석열 대통령의 시도에 저항해야 합니다. 내란죄라는 엄중한 중대범죄의 공범이 되어서는 안 됩니다. 비호 세력이 되어서도 안 됩니다. 민주공화국 대한민국에 중요한 하나의 제도로서의 정당으로 존속하기 위해서도 헌정질서를 파괴하는 내란 행위에 동조·비호·협력해서는 안 됩니다.

한동훈 대표도 마찬가지입니다. 국민의힘이 내란범죄 집단과 한편이 되고자 하더라도, 그렇게 되지 않게 만드는 것이 당 대표로서의 책임입니다. 대다수가 그 흐름을 따라가는 불행이 시정될 수 없다면, 본인을 포함한 일부라도 국민과 역사에 따라야 되지 않겠습니까? 내란 동조 세력이 되지 마십시오.

지금은 역사적 분기점이고 엄중한 역사의 한 국면입니다. 모든 것이 기록되고, 모든 것이 회자되고, 모든 것이 분석될 것입니다. 현실의 작은 이익, 자신의 작은 안위 때문에 국민이 부여한 책무와 역사적 소명을 잃지 마십시오. 윤석열 대통령을 탄핵하는 일에, 다시는 대한민국에 절대왕정을 꿈꾸는 자들이 활보할 수 없게 만드는 일에 함께하시기 바랍니다.

제45차 비상최고위원회의 모두발언
2024년 12월 5일 오전 9시 30분 국회 본청 당대표회의실

탄핵이 답이다

위헌·위법적인 계엄 선포로 인해 대한민국은 하루아침에 혼란과 공포에 빠졌다. 윤석열 대통령이 우리 경제 한복판에 폭탄을 던졌다. 환율은 급등했고 주가는 급락했다. 사전에 계엄을 통지받지 못한 미국은 불편한 심경을 감추지 않았다. 한미동맹과 국가 신뢰도가 타격을 입었다. 국제 외교 일정도 취소되거나 무기한 연기되었다.

2024년은 한강 작가의 노벨문학상 수상의 쾌거에도 맘껏 기뻐하지 못했다. 계엄 포고령에 적시한 '처단한다'는 말은 결국 대한민국의 주권자인 국민을 겨냥한 총구였다. 보수냐 진보냐의 문제가 아니었다. 하나의 강력한 희망은 비폭력으로 거대한 악에 결연히 맞서 싸우고 있는 국민 여러분이었다.

* * *

윤석열 내란 사태와 관련해서 특별성명을 발표하겠습니다. 민주주의 선진국 대한민국이 심각한 위기에 봉착했습니다. 무엇보다 충격적인 것은 이 모든 문제가 바로 대통령으로부터 시작되었다는 것입니다. 대통령의 위헌적이고 불법적인 계엄 선포 때문에 대한민국은 하루아침에 혼란과 공포에 빠져들었습니다. 정치는 물론 민생, 경제, 외교, 통상, 안보, 그리고 민주주의, 국격까지 심각하게 훼손되었습니다.

경제는 살리기는 어려워도 무너지는 것은 한순간입니다. 30여 년 전 IMF 위기 극복을 위해서 어떻게 했습니까? 온 국민이 장롱 속에서 결혼반지, 돌반지까지 꺼내야 했습니다. 코로나19로 인한 경제적 충격의 여파는 여전히 진행 중입니다.

고물가, 고금리로 민생경제는 어려운데 대통령의 참으로 느닷없는 계엄 선포가 순식간에 국가경제를 나락으로 끌어내리고 있습니다. 원·달러 환율은 급등했고 주가는 급락했습니다.

수출로 먹고살아온 대한민국, 트럼프 대통령 당선이 가져올 높은 통상 파고도 모자라서, 윤석열 대통령 자신이 우리 경제 한복판에 폭탄을 던졌습니다.

굳건하던 한미동맹도 치명상을 입었습니다. 사전에 계엄을 통지받지 못했던 미국이 매우 난처해하고 있습니다. 커트 캠벨 미국 국무부 부장관은 대통령의 계엄 선포를 '심한 오판'이라 평가했고, 제이크 설리번 백악관 국가안보보좌관도 '사전에 상의되지 않았다'라고 깊은 우려를 표명했습니다. 이는 북핵 대응을 위한 한미 연합훈련의 차질로까지 이어졌습니다. 워싱턴D.C에서 열릴 예정이던 한미 핵협의그룹 회의와 NCG 도상연습까지 연기되었습니다.

국가적 신뢰도는 물론 외교가 심각한 타격을 받고 있습니다. 스웨덴 총리 방한 취소, 스가 요시히데 전 일본 총리 방한 취소, 이시바 시게루 일본 총리의 내년 1월 방한도 불투명해졌습니다. 한-카자흐스탄 국방장관 회담 취소, 싱가포르 국회의장의 우원식 국회의장 방문도 무산되었습니다. 대통령이 초래한 정치 불안정이 사실상 국가 외교의 불능 상태를 불러왔습니다.

존경하는 국민 여러분, 피땀 흘려 이뤄온 이 땅의 민주주의가 무도한 권력에 의해 훼손되고, 우리 국민은 국격과 자존심에 심각한 상처를 입었습니다. 비상계엄 선포 후에 미국, 영국, 프랑스, 뉴질랜드뿐만 아니라 전쟁 중인 이스라엘까지 한국에 대한 여행 자제를 권고했습니다. 태국 여행 중인 한 국민은 태국 환전소에서 한국 돈의 환전을 거부당했습니다. 한번 입은 국가 이미지 타격은 쉽게 회복되기 어렵습니다.

K컬처와 K푸드의 세계적 유행, 한강 작가의 노벨문학상 수상으로 올해는 그 어느 때보다 대한민국 국민들의 자부심이 높았던 때입니다. 그렇지만 총을 든 계엄군들이 심야에 유리창을 깨고 국회로 난입하는 모습, 장갑차 앞에 시민들이 주저앉은 모습, 그리고 무장한 실탄을 장착한 자동소총으로 국민을 위협하는 계엄군의 모습, 이러한 모습들이 세계에 생중계되면서 우리의 자부심은 수치와 분노로 바뀌었습니다. 국민에게 총칼을 들이대는 그 참담한 역사를 이번에는 반드시 끝내야 합니다. 이미 끝난 줄로 알았던 군사쿠데타의 '추억'이 지금 현실이 되었습니다.

윤석열 내란사태 관련 특별성명 발표
2024년 12월 6일 국회 본청 당대표회의실

12월 3일 계엄령 선포는 대통령이 스스로의 권력을 유지 또는 더 확장하기 위해 벌인 반란이고 내란 행위입니다. 그리고 친위쿠데타입니다. 윤석열 대통령은 군대를 동원해 국민주권을 찬탈하고, 이미 장악한 행정 권력만으로도 부족해서 입법·사법 권력까지 삼권을 완전히 장악하려는 시도를 한 것입니다. 민주주의 헌정질서를 자신의 사적 이익, 권력 강화와 유지를 위해서 남용한 명백한 국가내란범죄의 수괴입니다. 계엄 포고령에 '처단한다'라고 적시한 대상은 우리의 적이 아닌 바로 대한민국의 주권자, 주인인 국민이었습니다.

위헌·불법 행위로 주권자의 생명을 위협한 대통령에게 한 순간이라도 국정운영을 맡길 수 없습니다. 최대한 빠른 시간 내에 직무에서 배제하고, 그 직의 유지 여부를 국민들의 판단과 결정에 맡겨야 합니다. 내란범죄는 불소추 특권의 예외 사항입니다. 신속한 수사를 통해 진상을 명확히 하고, 불소추 특권이 적용되지 않으므로 필요한 범위 내에서 수사, 체포, 구금, 기소 처분의 절차를 밟아야 합니다.

지금 우리는 너무나 중대한 역사의 분기점에 서 있습니다. 대통령에 대한 탄핵은 국민의힘이 주장하는 것처럼 여야의 정쟁 대상이 아닙니다. 5200만 국민의 안위와 대한민국의 존속, 미래가 달린 문제입니다. 대통령이 초래한 이 국란을 한시라도 빨리 끝내야 합니다. 이 위기를 극복할 원동력은 바로 우리 국민입니다. 대통령의 불법적 계엄령과 무력행사에도 굴하지 않고 맨몸으로 맞선 대한민국 시민들의 숭고한 저항으로 우리 대한민국은 위대한 민주주의국가임을 온 세상에 다시한번 증명했습니다. 불행한 역사 속 유물로 생각했던 계엄 선포가 비록 45년 만에 다시 살아날 뻔했지만, 위대한 우리 국민은 현명하고 강력하게 용기를 가지고 이를 막아냈습니다.

이제 민주당은 국민과 함께 무너진 민주주의와 국격을 바로 세우고 대한민국을 정상화하는 데 최선을 다하겠습니다. 12월 7일 국회에서 상처 입은 국민과 훼손된 대한민국의 민주주의를 다시 살리겠습니다. 5200만 국민을 지켜내고 대한민국의 오늘과 내일이 다시는 퇴행하지 않도록 시민사회, 그리고 국민의 뜻을 따르는 모든 정치세력과 함께 싸워나가겠습니다.

윤석열 내란사태 관련 특별성명
2024년 12월 6일 오전 9시 40분 국회 본청 당대표회의실

한동훈-한덕수의 2차 내란

국회에서 12·3 비상계엄 직후 해제 의결을 서두를 때 국민의힘은 혼란을 부추기고 훼방을 놓았다. 포고령과 비상계엄이 명백히 헌법과 계엄법을 위반했으니 이에 동조한 국무위원들은 내란의 공범·방조범일 뿐이다. 그런데 한동훈 국민의힘 대표와 한덕수 국무총리가 12월 8일 대국민담화를 통해 일방적으로 공동 국정운영 방안을 발표했다. 어처구니없는 일이었다.

대통령 탄핵에 반대하면서도 '대리 국정운영'을 하겠다니 가당치도 않은 일이었다. 이러한 행위야말로 국정농단이고, 헌정질서를 훼손시키는 또 다른 내란이자 쿠데타였다. 국민이 투표를 통해 선출하고 위임한 대통령의 권력을 어떤 법적 근거도 없이 주고받는다는 것은 국민주권에 대한 정면도전일 뿐이다.

* * *

존경하는 국민 여러분, 상황이 매우 긴박합니다. 정부 여당이 12월 3일의 1차 국가내란 사태도 모자라서 2차 내란을 획책하고 있습니다. 여당은 국민 여러분께서 보신 것처럼 계엄 해제 의결에 사실상 불참했습니다. 불참했을 뿐만 아니라 추경호 원내대표는 계엄 해제 의결 시간을 늦추려고 했고, 계엄 해제 의결을 위한 본회의 참석을 못 하도록 소속 의원들을 당사로 불러 모으거나 혼란을 주는 행위를 했습니다. 일분일초가 중요하고 계엄군이 국회 본회의장으로 진입하고 있는 위중한 시간에, 제 판단으로는 계엄 해제 의결을 막기 위한 내란 역할 분담을 했던 것으로 생각됩니다.

둘째로, 여당은 군사쿠데타를 도모한 것이 명백한 윤석열 대통령에 대한 직무 배제, 직위 배제를 위한 탄핵에 불참했을 뿐만 아니라 사실상 방해했습니다. 소속 의원 중에 일부가 자

'한덕수-한동훈 대국민 담화' 관련 긴급 기자회견
2024년 12월 8일 국회 본청 당대표회의실

유의사로 참여하기를 원했던 것으로 보이는데, 사실상 이를 억압한 것으로 보입니다. 여당은 명백한 내란의 공범입니다. 계엄을 방조한 국무회의도 문제입니다. 포고령이나 계엄의 내용이 헌법과 계엄법에 위반되는 것이 분명한데 이를 제지하지는 못할망정 그에 동조한 국무위원들 모두 내란의 공범, 최소한 내란 방조범입니다.

그런 여당 대표와 총리가 다시 헌정질서를 파괴하는 중입니다. 우리 국민은 윤석열을 대통령으로 뽑았지, 여당을 대통령으로 뽑은 일이 없습니다. 대통령에게 유고가 생기면 국무총리가 대통령을 대행하기는 하지만, 그렇지 않은 상태에서 무슨 근거로 여당 대표와 국무총리가 국정을 운영하겠다는 것입니까? 대통령의 권한은 윤석열 대통령 개인의 사유물이 아닙니다. 박근혜 대통령이 탄핵된 이유도 최순실이라고 하는 선출되지 않은 민간인이 선출된 대통령이 행사할 권한을 대신 행사했기 때문에 국정농단이라고 했던 것이고, 그 때문에 탄핵된 것 아니겠습니까?

대통령이 유고하지도 않은 상태에서 잠시 2선 후퇴를 시키고 대통령의 권한을 국무총리와 여당의 대표가 나눠서 같이 행사하겠다는 이런 해괴망측한 공식발표를 어떻게 할 수가 있습니까? 이거야말로 헌정질서를 파괴한 또 다른 쿠데타 아닙니까? 어떻게 이런 국민주권을 무시한 발칙한 상상을 할 수 있는지 참으로 놀랍기가 그지없습니다. 지금 윤석열의 배후 조종으로 아무런 헌법적·법적 근거 없이 총리와 여당 대표가 국정을 맡겠다고 하는 것은 결국 내란 공모 세력을 내세워 윤석열이 숨어서 내란 상태를 유지하겠다는, 얼굴을 바꾼 2차 내란 행위라는 것을 분명히 밝힙니다.

조금 전에 윤석열 대통령이 국회의 탄핵을 앞둔 내란 공범 이상민 행안부 장관의 사의를 수용했다고 합니다. 그리고 얼마 전에는 진화위 위원장으로 박선영 씨를 임명했다는 얘기도 있었습니다. 이 일에서 보는 것처럼 대통령의 직무는 전혀 정지된 것이 아니고, 여전히 행사되고 있습니다. 2선으로 후퇴를 하고 권한을 당과 국무총리한테 맡기겠다는 말조차 사실이 아니라는 것입니다.

아무 때나 국민들에게 지키지도 못할 말을 한다든지, 모든 정치적·법적 책임을 지겠다고 말했으면서도 정치적·법적 책임의 가장 핵심은 즉각 사퇴인데, 말은 책임을 지겠다면서 그 권한을 다른 사람 누구에게, 당에 맡기겠다고 말하는 것은 또 국민을 우롱하는 것입니다. 국민주권을 무시하는 것입니다. 국민을 기만하는 것입니다. 왜 대통령이 즉시 탄핵되어야 하는지를 스스로 입증하는 것입니다.

헌법이 정한 절차에 따라서 대한민국 헌정질서를 파괴한 내란 주범, 군사반란 주범 윤석열은 즉각 사퇴하거나 아니면 즉각 탄핵되어야 합니다. 이 위기와 혼란을 해소하는 유일한 길입니다. 오는 12월 14일 민주당은 국민의 이름으로 반드시 윤석열을 탄핵하겠습니다. 대한민국의 민주주의, 위대한 국민 승리를 위해서 반드시 탄핵을 성공시키겠습니다.

'한덕수-한동훈 대국민 담화' 관련 긴급 기자회견 모두발언
2024년 12월 8일 오후 4시 30분 국회 본청 당대표회의실

연말 회식 취소하지 마세요

살얼음판을 걷는 듯한 정국에 선뜻 "안녕하십니까?"라는 말을 꺼내기가 쉽지 않다. 비상계엄과 내란으로 인한 정치·외교적인 타격도 문제지만, 국민들의 삶과 직결된 민생과 경제가 직격탄을 맞아 휘청거리니 더욱 걱정이다. 신뢰를 먹고사는 경제는 불안정성에 매우 취약한데 지금은 모든 것이 불안하다.

2024년 연말 대목을 앞두고 자영업자들이 내는 한숨 소리에 내 가슴도 타들어갔다. 국가 위기 상황에 여야는 없다. 정치권이 합심해서 위기 극복에 나서야 한다. 그래서 간곡히 말씀드렸다. "연말 회식과 행사를 취소하지 마세요. 만날 사람은 만나고, 먹을 건 먹어야 합니다." 우리 경제의 실핏줄 '골목상권'을 지켜야 한다는 호소였다.

* * *

비상경제 점검회의에 함께해주신 여러분 감사합니다. 요즘 여러 가지로 바쁘실 텐데 민생경제를 챙기는 것만큼 중요한 일이 없기 때문에 모두 함께해주셨다고 생각합니다. 많은 영역에서 많은 분들이 어려움을 겪고 있습니다. 힘내십시오. 그래도 우리가 힘을 내야 되지 않겠습니까? 요즘 "안녕하십니까"라는 말 대신에 이렇게 말한다고 합니다. "힘내십시오." 저도 이런 이야기를 많이 듣는데 그러면 "여러분, 힘내십시오"라고 대답을 하기도 합니다.

주가 폭락, 환율 폭등 때문에 국민들의 상심이 너무 커서 잠도 잘 못 자는 상황입니다. 어제 다행히 시장이 조금 안정되긴 했지만, 여전히 살얼음판입니다. 지난 2년 반 동안 우리 경제는 지속가능한 성장이 어려울 정도로 소비와 투자, 건설, 수출 등 전 분야에 걸쳐서 많은 어려움을 겪어왔습니다. 그런데 예상하지 못한 대통령의 계엄, 거기다 탄핵 무산까지 겹치면서 대한민국 경제가 벼랑 끝으로 내몰리고 있습니다.

연말 대목을 앞두고 행사와 회식이 줄줄이 취소되는 바람에 자영업자들이 피눈물을 흘리고 있다고 합니다. 요즘은 예약 취소 전화가 아닐까 싶어서 전화받기가 무섭다고 합니다. 중소기업들은 불확실성 해소가 장기화될 경우에 투자자들이 모두 떠나가지 않을까 노심초사합니다. 방산업체들까지 수출계약 차질을 빚고 있다고 합니다. 뛰는 원재료 값에 고환율까지 얹어져서 밥상 물가까지 불안합니다.

국민의 어려움 앞에서는 여야가 있을 수 없습니다. 여야가, 그리고 정부가 힘을 합쳐서 지금의 위기를 잘 넘어가야 되겠습니다. 그리고 연말 회식, 행사를 취소하지 마시고 열심히 싸우면서도 이웃들과 좋은 한때를 보내야 되지 않겠습니까? 예약 취소율이 40퍼센트씩 된다고 하고, 자영업자 특히 동네 음식업체에 타격이 너무 크다고 합니다. 그래도 만날 건 만나고 먹을 건 먹고 그래야 되지 않겠습니까?

민주당이 제안한 '여야정 비상경제 점검회의'가 아직 구성은 못 되었고 우리끼리라도 일단 비상경제 점검을 시작하기

© 더불어민주당

위해서 출범을 합니다. 기재부도 적극 참여하겠다고 합니다. 다행입니다. 아직 여당은 이야기가 없긴 한데 가급적이면 함께하기를 기대합니다. 우선 우리 당이 먼저 시작하고 빠른 시일 안에 정부와 여당이 함께하기를 기대합니다. 민주당은 엊그제도 기재위, 정무위 위원들께서 경제 상황과 자본시장 현안 대응을 위해서 한국은행과 한국거래소를 방문했습니다.

경제 상임위 중심으로 비상체제를 유지하면서 경제 상황을 면밀하게 살피고 또 대안을 마련해나가겠습니다. 오직 국민만 바라보고 경제정책을 살펴보겠습니다. 모두가 아는 것처럼 불확실성이 경제에 있어서 최고의 위협 요소입니다. 우선 시급한 문제인 주식시장을 살리기 위해서 그간 논란이 많았던 금투세를 폐지하고 가상자산 과세를 유예한 것도 같은 맥락이라는 말씀을 드립니다. 우리의 전략 자산이라 할 반도체 가격의 하락으로 수출도 차질이 빚어질 가능성이 높아지고 있습니다. 중소벤처기업들도 생존 기로에 놓여 있습니다. 이들에 대한 특별자금 지원 방안도 살펴보겠습니다.

우리 앞에 많은 어려움이 있지만, 여전히 기회는 있습니다. 오는 12월 14일 2차 탄핵 의결로 정치적 불확실성을 해소하는 것은 경제 회복의 가장 중요한 전제입니다. 온 세계가 의심의 눈초리로 대한민국을 주목하고 있습니다. 이를 계기로 정책 기조를 민생과 성장 중심으로 전환한다면 우리 경제는 놀라운 회복력을 발휘할 것입니다. 그리고 신성장동력을 마련해서 한국을 떠나려 하는 투자자들을 되돌리고, 한국이 여전히 잠재력이 크고 매력적인 투자 국가임을 보여드려야 합니다.

지금은 국란에 준하는 엄중한 시기입니다. 시간을 되돌릴 수 없는 만큼 지금부터는 어느 때보다 더 큰 책임감과 민생·경제를 되살린다는 각오로 함께 열심히 임하겠습니다.

비상경제 점검회의 모두발언
2024년 12월 11일 오전 10시 30분 국회 본청 당대표회의실

부디 내일은… 잠들지 못하는 탄핵 전야

2차 대통령 탄핵안 표결이 하루 앞으로 다가왔을 때였다. 12·3 '내란의 밤' 이후 잠들지 못하는 '저항의 밤'이 계속되고 있었다. 낮에는 일하고 밤에는 탄핵을 외친다는 이른바 '주경야탄(晝耕夜彈)'이라는 말까지 생겼다. 시험기간인 청년들은 독서실이 아닌 광장에서 노트북을 펼치고 '열공 모드'에 들기도 했다. "몸은 피곤해도 이래야 마음이 편하다"라는 청년들의 목소리에 내 마음도 더욱 묵직해졌다.

2024년 12월 12일 윤석열 대통령은 국민을 향해 광기의 '선전포고'를 감행했다. 그럴수록 대통령직을 수행할 능력도 자격도 없다는 사실만 명확해질 뿐이다. 12·3 비상계엄 이후

광장을 수놓은 형형색색의 응원봉 불빛은 눈물 나도록 아름다웠다. 그 소중한 빛들이 내란의 어둠을 몰아냈다.

***

2024년 12월 14일, 내일은 새로운 국민 승리의 날로 기록될 것입니다.

존경하는 국민 여러분, 매일 밤 여의도를 가득 메운 촛불 행렬을 보면서 생각했습니다. 2024년 12월 3일 '내란의 밤' 이후 잠들지 못하는 저항의 밤이 계속되고 있습니다. 해가 뜨고 지지만 국민의 마음속에 12월 3일의 악몽은 아직 끝나지 않았습니다. 아침은 아직 오지 않았습니다.

고단한 노동을 마치고 집으로 향했을 시민들의 괴로움이 생각납니다. 낮에는 일하고 밤에는 탄핵을 외치는 소위 '주경야탄'을 반복하면서도 "몸은 피곤해도 이래야 마음이 편하다"라고 말씀하십니다. 시험기간인데, 한참 '열공'하고 있을 청년들은 아이패드와 노트북을 들고 광장을 독서실로 삼고 있습니다. 자신의 '최애'를 비추던 소중한 빛들을 모아 내란의 어둠을 걷어내고 세계만방에 대한민국 민주주의의 위대함을 알리고 있습니다.

지금 우리 5200만 국민은 무도하고 광기 어린 '내란 세력'에 맞서 자신의 평범한 일상을 회복할 장엄한 싸움을 시작했습니다. 무뢰배가 짓밟은 우리의 민주주의를 국민 여러분께서 지켜내고 계십니다. 나라를 되찾으러 나선 위대한 국민 앞에서 정치는 무엇인지, 국가의 책무는 무엇인지 거듭 되새기게 됩니다.

어제 대통령 윤석열은 국민을 향해 광기의 '선전포고'를 감행했습니다. 추한 거짓말로 자신의 범죄를 덮으려 했습니다. 단 한시도 직무를 수행할 능력이 없음을, 단 한시도 직무를 수행해서는 안 된다는 것을 '셀프 인증'했습니다.

국민의 명령은 초지일관 한결같고 또 분명합니다. '내란수괴' 윤석열은 지금 당장 물러나라는 것입니다. 나라의 주인인 국민에게 총칼을 들이댄 권력자는 단 1분 1초도 국민을 섬기는 1호 머슴 대통령의 자리에 앉아 있어선 안 된다는 것입니다. 우리 민주당은 그 준엄한 명령에 따라 내일 대통령 탄핵소추안 두 번째 표결에 임합니다.

국민 여러분, 대한민국이 어떤 나라입니까. 국민의 뜻을 거역한 위정자들이 사리사욕과 당리당략에 눈멀어 무너뜨리고 또 무너뜨려도 기필코 국민이 다시 일으켜 세운 위대한 대한민국 아닙니까. 외세의 침략으로 나라를 잃은 적도 있습니다. 전쟁과 분단의 아픔을 온몸으로 견뎌내기도 했습니다. 곤봉과 군홧발에 짓이겨져 무시무시한 군부독재 권력에 고개 들지 못했던 시절도 있었습니다.

이 땅에서 역사가 시작된 이래 많은 환란이 반복되었습니다. 그러나 우리 국민은 '더 나은 나라를 물려주겠다'는 열망을 단 한 번도 포기한 적이 없습니다. 우리 국민은 역사의 분기점마다 늘 현명한 선택으로 나라를 구했습니다. 단호하고 빠른 행동으로 국가의 위기를 극복해냈습니다. 12월 3일 내란의 밤, 계엄군의 군홧발을 온몸으로 막아주신 것도 바로 우리 국민입니다. 철옹성처럼 견고했던 여당의 '탄핵 반대' 연대를 하나, 둘 뚫어주신 것도 바로 우리 국민들이십니다.

2024년 12월 14일, 내일 우리는 '국민이 나라의 주인임'을 다시 선포할 것입니다. 우리 국민은 역사의 새로운 장을 다시 써 내려갈 것입니다.

사랑하는 국민 여러분, 정치는 정치인들이 하는 것 같아도 국민이 하는 것입니다. 우리 국민들께서 만들어갈 거대한 역사의 수레바퀴 앞에서 도도한 흐름을 막아서는 자, 소소한 계산으로 잇속만 챙기는 자, 거짓으로 자기 살길을 도모하는 자, 이들은 결코 살아남지 못할 것입니다.

존경하는 국민의힘 국회의원 여러분, 국회의원은 한 명 한 명이 모두 독립된 헌법기관입니다. 여야, 진보, 보수를 떠나 헌법을 준수하고 주권자의 명령에 따라야 할 책임이 있습니다. 여러분이 지켜야 할 것은 윤석열도 국민의힘도 아닙니다. 바로 추운 거리에서 지금 울부짖고 계시는 국민들 그리고 바로 그들의 삶입니다. 어제의 선전포고를 통해 확인되었습니다. 탄핵만이 혼란을 종식시킬 가장 빠르고 확실한 방법입니다. 부디 내일은 탄핵 찬성 표결에 동참하십시오. 역사가 여러분의 선택을 기억하고 기록할 것입니다.

이 자리를 빌려 일관되게 한국의 민주주의를 지지해주시는 미국과 우방국들의 노력에 감사의 뜻을 전합니다. 국제사회의 성원이 우리 국민에게 큰 힘이 되고 있습니다. 우리는 자유민주 진영의 일원으로서, 성장과 발전의 혜택을 누렸고 이제 그 일원으로서 역할과 책임을 다할 것입니다. 제1야당 대표로서 약속드립니다. 대한민국은 조속히 국정 공백 상태를 매듭짓고 국가 정상화를 이뤄낼 것입니다. 그것이 바로 우리 국민의 하나된 뜻이기 때문입니다.

국민 여러분, 역사란 시계추와 같아서 전진과 후퇴를 반복합니다. 당장의 절망이 온몸을 휘감을 때도 있습니다. 그러나 분명한 사실은 역사는 언제나 전진해왔고, 또 전진할 것이라는 사실입니다. 단 한 명의 어처구니없는 오판이 역사적 오점을 남겼습니다. 그러나 우리 국민들께서는 올바른 판단으로 이를 바로잡을 수 있다는 것을 전 세계에 증명했고, 다시 한번 증명해낼 것입니다.

한 명의 권력자가 이렇게 큰 위험을 조장할 수 있다면 수많은 주권자의 의지가 모여 만들 우리의 꿈과 미래는 얼마나 장대하겠습니까. 오늘의 고난을 이겨내고 더 큰 발자국으로 앞으로 나아가야 합니다. 국민께서 밝혀주신 촛불의 길을 따라

거침없이 나아가겠습니다. 흔들림 없이 무너진 대한민국을 국민과 함께 바로 세우겠습니다.

윤석열 탄핵 관련 성명
2024년 12월 13일 오전 9시 30분 국회 본청 당대표회의실

빛의 혁명, 여러분이 해내셨습니다

"국민 여러분이 나라의 주인이고, 새로운 역사를 써 내려가고 있습니다."

2024년 12월 14일 드디어 윤석열 대통령 탄핵소추안이 가결되었다. 재적의원 300명 전원이 참석한 가운데 찬성 204표, 반대 85표, 기권 3표, 무효 8표였다. 국민들이 '빛의 혁명'으로 일궈낸 성과였다. 대한민국 민주주의의 건강함과 국민의 위대함을 전 세계에 보여준 역사적 사건이었다.

아직 1차전의 승리다. 고삐를 늦춰서는 안 된다. 이번 싸움의 가장 큰 분수령은 '윤석열 대통령 파면'이다.

고생하신 국민 여러분께 사과와 다짐의 말씀을 드렸다. 지난 촛불혁명 이후 다시 찾아온 위기에 대한 사과와 국민주권이 일상적으로 관철되는 진정한 민주국가를 만들겠다는 다짐이었다. 정치는 정치인들이 하는 것 같아도 결국은 국민이 하는 것이다.

* * *

존경하는 국민 여러분, 여러분이 이 나라의 주인임을 증명하고 계십니다. 1차전의 승리를 축하드리고, 감사드립니다. 그러나 국민 여러분, 이제 겨우 작은 산 하나를 넘었을 뿐입니다. 우리 앞에 더 크고 험한 산이 기다리고 있습니다. 우리가 오늘 잠시 이렇게 우리의 승리를 자축하지만, 그들은 국민이 주인인 나라를 부정하고, 다시 자신들이 지배하는 나라로 되돌아가고자 끊임없이 획책하고 있습니다. 우리가 힘을 합쳐 그들의 반격을 막아내고, 궁극적 승리를 향해 서로 손잡고 함께 나아가야 하지 않겠습니까.

과거의 역사 속에서도 그리고 우리의 근현대사에서도, 언제나 국가공동체를 위기에 빠뜨린 것은 기득권자들이었습니다. 위기에 빠진 나라를 구한 것은 언제나 흰옷 입은 그 어려운 민

윤석열 탄핵안 가결에 대한 입장 발표
2024년 12월 14일 오후 5시 국회 본청 로텐더홀

ⓒ 더불어민주당

윤석열 탄핵안 가결에 대한 입장 발표
2024년 12월 14일 오후 5시 국회 본청 로텐더홀

들, 그리고 이 나라의 서민과 국민들 아니었습니까. 나라를 위기에서 구하는 것도 국민이었던 것처럼, 오늘의 이 위기를 이겨나가는 것도 이 자리에 함께하신 여러분과 이 장면을 지켜보고 계실, 노심초사하는 대한민국 국민들 아니겠습니까.

비록 우리가 충동적이고 우발적이고 부족한 그 특정인, 특정 세력에 의해서 이 고통의 순간을 견뎌내고 있지만, 우리 국민들은 아름다운 불빛으로 이 나라의 주인이 국민임을 이 나라 역사의 주인이 바로 우리 자신임을 확실하게 증명하는 바로 그 역사의 현장에 서 있지 않습니까. 우리는 이 자리에 있는 이 아름다운 그러나 한편 고통스럽고 슬픈 불빛처럼 비록 힘들고 어렵지만, 아름다운 미래를 향해서 새로운 나라를 위해서 희망 있는 세상을 위해서 함께 나아가고 끝내 이겨내야 하지 않겠습니까.

국민 여러분이 해내신 것입니다. 국민 여러분께서 새로운 역사를 쓰고 계시는 것입니다. 전 세계에 없는 무혈 촛불혁명을 이뤄냈던 것처럼, 다시 빛의 혁명을 만들어내고 있습니다. 우리가 민주주의의 건강함을, 대한민국 국민이 얼마나 위대한가를 이번에 확실하게 전 세계에, 온 세상에 보여줍시다.

이제 또 큰 고개가 기다리고 있습니다. 그들은 포기하지 않습니다. 그들이 작은 이익을 위해 우리 대한민국 5200만 국민을 고통과 환란에 빠뜨리고 있습니다. 양심이 있다면 이 대명천지에 그 어처구니없는 계엄령을 선포하지는 않았을 것입니다. 이제 다시 갈등과 대결이 시작될 것입니다. 여의도 안에서의 싸움이 현장의 충돌로 확장될 것입니다. 우리가 자중하고, 그러나 지금 이 순간 승리를 자축하며 헤어질 것이 아니라 신속하고 엄정한 책임, 윤석열에 대한 파면 처분이 가장 빠른 시간 내에 이뤄질 수 있도록, 우리가 계속 함께 싸워야 하지 않겠습니까.

마지막으로 국민 여러분께 사과의 말씀과 다짐의 말씀을 드리겠습니다. 지난 촛불혁명으로 세상이 바뀌는 줄 알았는데, 권력은 바뀌었지만 왜 '나'의 삶은 바뀐 게 없느냐, 이 사회는 왜 바뀌지 않았느냐, 그렇게 질타하신 분들을, 그 많은 국민들의 따가운 질책을 기억하고 있습니다.

이제는 새로운 민주주의, 국민이 직접 참여하는, 현장의 민의 같은 민주주의를 시작해봅시다. 여러분이 국민의 한 사람으로서, 이 나라 대한민국의 주인으로서 무엇을 원하는지, 어떤 세상을 바라는지를 말씀하시고, 그것이 일상적으로 정치에 관철되는 그런 나라, 새로운 나라, 함께 만들어야 하지 않겠습니까.

정치는 정치인들이 하는 것 같아도 결국은 국민이 하는 것입니다. 국민의 충직한 도구로서 국민의 명령을 충실하게 이행하는 머슴으로서 국민의 주권의지가 일상적으로 관철되는 진정한 민주국가, 민주공화국 대한민국을 함께 만들어가겠습니다.

윤석열 탄핵안 가결에 대한 입장
2024년 12월 14일 오후 6시 국회 앞 범국민 촛불대회

탄핵 의결 다음 날, 국정과 외교를 챙기다

마키아벨리는 "이 세상 모든 의미 있는 일들은 위험 속에서 이루어졌다"라고 말했다. 오늘의 위기가 내일의 위대한 대한민국을 만드는 밑거름이 될 것이다. 국민의 열정이 대한민국의 새로운 역사를 만들 것이다. 이제 겨우 한 고비를 넘겼다. 위기는 곳곳에 도사리고 있다. 대형 산불이 일어나면 눈에 안 보이는 잔불까지 꺼야 비로소 안심할 수 있다.

2024년 12월 15일 기자회견에서 국정 정상화를 위한 초당적 협력체, 국회와 정부가 함께하는 '국정안정협의체' 구성을 제안했다. 사라진 연말 특수, 멈춰 선 국민의 일상을 한시라도 빨리 회복시켜 대한민국이 정상화되도록 총력을 기울여야 한다는 메시지를 강조했다. 여야 가릴 것 없이 모든 정당들이 국정 안정과 국제 신뢰 회복을 위해 적극 협력해야 한다고 호소했다. 파고가 높지만, 일시적인 위기다. 수습이 빠르면, 안정도 빠르다.

***

존경하는 국민 여러분, 어제 국회는 헌법 제65조에 따라 찬성 204표로 윤석열 대통령 탄핵소추안을 통과시켰습니다. 생업도 포기하고 광장으로 나온 국민 여러분, 그리고 아이의 손을 잡고 역사의 한 장면에 동참한 여러분, 세대와 성별의 구분 없이 '민주주의'를 외친 여러분, 그런 여러분이 계셨기에 가능했습니다. 고맙습니다. 국민과 역사를 거역하라는 당론에도 불구하고, 용기 있게 국민과 정의의 편에 서주신 일부 국민의힘 국회의원들께도 깊은 감사의 뜻을 전합니다.

마키아벨리는 "이 세상 모든 의미 있는 일들은 위험 속에서 이루어졌다"라고 말했습니다. 오늘 우리가 처한 위기는 내일의 위대한 대한민국을 만들게 될 것입니다. 뜨거운 대한국민의 열정이 대한민국의 새로운 역사를 만들 것입니다. 촛불혁명에 이은 '빛의 혁명'은 민주주의의 강한 회복력과 대한국민의 위대함을 세계만방에 알릴 것입니다.

이제 겨우 한 고비 넘겼습니다. 위기는 끝나지 않았습니다. 우리가 해결해야 될 과제는 산더미입니다. 연말 특수는 사라졌고, 국민의 일상은 멈추었습니다. 불확실성 때문에 증폭된 금융시장의 위험은 현재진행형입니다. 외교 공백으로 국제사회의 신뢰도는 떨어졌습니다. 내란 동원으로 국방과 안보는 심각한 타격을 입었습니다. 대한민국 정상화가 시급합니다.

국정 정상화를 위한 초당적 협력체, 국회·정부가 함께하는 '국정안정협의체' 구성을 제안드립니다. 우리 민주당은 모든 정당과 함께 국정 안정과 국제 신뢰 회복을 위해 적극 협력할 것입니다. 국회와 정부가 대한민국 전반에 불어닥친 위기를 조속히 매듭지을 수 있게 하겠습니다. 지금의 위기는 근본적, 구조적인 것이 아닙니다. 도도한 강물 위의 풍랑처럼 표면적이고 일시적인 것입니다. 이 위기는 반드시 극복되어야 하고, 지금까지 그래왔던 것처럼 또 극복해낼 것입니다. 우리 국민은 불안을 희망으로 만들 역량을 가지고 있습니다. 안정된 시장경제 시스템과 경제 펀더멘털을 갖춘 우리는 충분한 회복력을 갖추고 있습니다.

세계 10위권 경제력을 일궈온 대한민국의 시장경제 시스템과 경제 당국의 역량은 충분합니다. 금융·외환 관리 당국은 24시간 모니터링 체계를 빈틈없이 가동시켜주십시오. 어느 때보다 정부의 능동적이고 적극적인 역할이 필요합니다. 국회 제1당인 우리 민주당도 시장안정화, 투자보호조치 등 경제 불안을 해소하기 위한 초당적 협력을 아끼지 않겠습니다. 우리 기술과 산업을 지키고, 성장동력을 키우는 산업정책과 통상외교 전략을 전방위로 뒷받침하겠습니다. 침체된 민생경제에 물꼬를 틔우고, 민생경제 회복을 위한 입법도 빈틈없이 해나가겠습니다.

혼란스러운 외교·안보의 공백을 메워야 합니다. 중단된 국제사회와의 대화와 협력을 복원할 수 있는 다각적 노력이 필요합니다. 한미동맹은 굳건히 지켜질 것이고, 더욱 확장·발전될 것입니다. 자유민주 진영의 도움으로 오늘의 대한민국을 만들어냈던 것처럼, 우리는 자유민주 진영의 일원으로서 책임과 역할을 충실하게 해낼 것입니다. 동북아 안정과 세계평화를 위한 한반도 주변국과의 협력관계도 변함이 없을 것입

국정안정협의체 제안 기자회견
2024년 12월 15일 국회 본청 당대표회의실

ⓒ 더불어민주당

니다. 정부와 국회는 함께 '한반도 평화 정착'이라는 대한민국 외교·안보의 기본을 반드시 지켜내야 합니다.

국민 여러분, 우리는 '대한민국 수호'를 위해 모두 광장으로 나왔습니다. 대한민국의 헌법을 지키기 위해, 힘을 잃었던 '자유, 평등, 평화, 연대'의 가치를 바로 세우기 위해 우리는 힘을 모았습니다. 단결된 국민 앞에 반민주적 폭거는 힘을 잃었고, 대한민국은 다시 앞으로 나아갈 수 있게 되었습니다. 광장에서 외친 민주공화정의 가치가 새로운 시대를 열어갈 힘이 되었습니다. 이제 민주주의의 거대한 방벽으로 대한민국에 불어닥친 '위기의 바람'을 멈춰 세우겠습니다.

헌법재판소는 윤석열 대통령의 파면 절차를 신속하게 진행해주시기 바랍니다. 그것만이 국가의 혼란과 국민의 고통을 최소화할 유일한 방법입니다. 어처구니없는 이번 사태의 책임을 묻고 재발을 막기 위해서 진상 규명과 책임 추궁도 분명해야 합니다. 공조수사본부 등 수사기관은 신속하고 엄정한 수사로 진실을 밝혀주십시오. 진상 규명을 위해 신속한 특검의 출발이 필요합니다. 내란 관련 기관과 가담자들은 수사에 적극 협조해야 합니다. 온 국민이 지켜보고 있다는 사실을 잊지 마십시오. 민주당은 '국정안정·내란극복 특별위원회'를 출범시켜서 이 혼란을 수습하고, 대한민국 회복을 위해 총력을 다할 것입니다.

존경하는 국민 여러분, 민주당은 바위처럼 흔들림 없이 할 일을 해나가겠습니다. 국민의 손상된 자부심과 상처를 치유하는 데 최선을 다하겠습니다. 길을 잃었던 정치는 국민을 향한 정치로 다시 태어날 것입니다. 잃어버렸던 소중한 가치들은 대한민국의 이름으로 다시 빛나게 될 것입니다. 국민과 함께 만들어가는 오늘이 새로운 화합의 출발이 될 것입니다. 우리가 가는 길이 대한민국의 미래가 될 것입니다.

대한민국은 민주공화국입니다. 국민이 곧 국가입니다. 우리 대한민국은 하나입니다. 고맙습니다.

국정안정협의체 제안 기자회견 모두발언
2024년 12월 15일 오전 11시 국회 본청 당대표회의실

용산 구중궁궐에 숨은 내란수괴

12·3 내란 세력은 반성과 사죄가 없고 내란수괴는 직무 복귀를 위해 총력을 기울였다. 잠들지 못하는 '저항의 밤' 역시 계속되었다.

용산 구중궁궐에 꼭꼭 숨어 궤변과 망발을 일삼던 내란수괴 윤석열은 이후 헌법재판소의 심판대에 섰다. 대통령 권한대행은 '내란대행'을 자임했고, 국민의힘은 '내란수괴 친위대'를 자청했다.

그러나 국민의 명령은 단호했다.

"내란수괴 윤석열을 즉각 파면하라."

*　*　*

　존경하는 국민 여러분, 대한민국을 악몽 속으로 몰아넣은 12·3 내란은 아직 끝나지 않았습니다. 아침이 오지 않은 탓에 잠들지 못하는 '저항의 밤'은 계속되고 있습니다.

　내란 세력은 반성과 사죄가 아니라 재반란을 선택했습니다. 총과 장갑차로 국민을 위협했던 12월 3일 밤 그날처럼, 국민으로부터 위임받은 권력을 국민과 싸우는 데 남용하고 있습니다.

　내란수괴 윤석열은 성난 민심의 심판을 피해 용산 구중궁궐에 깊이 숨었습니다. 온 국민이 지켜본 명백한 내란을 부정하고 궤변과 망발로 자기 죄를 덮으려 합니다. '권한대행'은 '내란대행'으로 변신했습니다. 내란수괴를 배출한 국민의힘은 헌정 수호 책임을 저버린 채 내란수괴의 친위대를 자임하고 나섰습니다. 내란수괴의 직무 복귀를 위한 도발도 서슴지 않습니다. 국가 유지를 위한 헌법기관 구성을 미루며 헌정질서를 파괴하고, 또 다른 '국헌 문란' 행위를 이어가고 있습니다.

ⓒ 더불어민주당

더불어민주당 의원총회
2024년 12월 27일

끝나지 않은 내란, 내란범들의 준동은 경제의 불확실성을 키워 안 그래도 어려운 국민의 삶을 나락으로 밀어 넣고 있습니다. 경제 상황을 나타내는 환율을 보면 분명합니다. 환율은 계엄 선포로 요동쳤고, 탄핵 부결, 윤석열 추가 담화, 한덕수의 헌재재판관 임명거부 성명에 폭등했습니다. 경제 안정을 위해선 불확실성을 줄여야 하는데, 내란 세력 준동이 불확실성을 극대화하며 경제와 민생을 위협합니다.

내란수괴 윤석열과 내란 잔당들이 대한민국의 가장 큰 위협입니다. 내란 세력의 신속한 발본색원만이 대한민국 정상화의 유일한 길입니다. 국민의 명령은 단호합니다.

"내란수괴 윤석열을 즉각 구속하고 파면하라."

"반란 세력을 일망타진하라."

내란 진압이 국정안정이고, 민주공화정 회복입니다. 내란 진압이 경제위기 극복, 민생회복의 길입니다. 내란 진압만이 지금 이 순간 대한민국의 지상과제입니다.

오늘 저희 민주당은 국민의 명령에 따라 한덕수 국무총리를 탄핵합니다. 체포, 구금, 실종을 각오하고 국회 담을 넘던 12

월 3일 그날 밤의 무한 책임감으로 어떠한 반란과 역행도 제압하겠습니다. 윤석열을 파면하고 옹위 세력을 뿌리 뽑아 내란을 완전 진압하는 그 순간까지, 역량을 총결집해 역사적 책임을 완수하겠습니다.

존경하는 국민 여러분, 대한민국의 운명이 풍전등화입니다. 국민의 손으로 몰아냈다 생각한 반란 잔당들이 권토중래를 꿈꾸며 반격을 시도하고 있습니다. 민주주의, 헌정질서, 민생경제, 국가 신인도가 여전히 빨간불입니다.

그러나 굴곡진 역사의 굽이마다 국민은 승리했고, 위기의 이 현실 세계에서도 국민이 끝내 승리할 것입니다. 정치란 정치인들이 하는 것 같아도 결국 국민이 하는 것이고, 국민을 이기는 권력은 없습니다.

서슬 퍼런 군사독재정권에서도 국민들은 목숨을 던져 민주주의를 쟁취했습니다. 가녀린 촛불로 오만한 권력을 권좌에서 몰아내며 대한민국 민주주의의 힘을 세계만방에 과시했습니다. 비상계엄으로 영구적 군정독재를 꿈꾸던 반란 세력에 맞서 우리 국민은 오색의 빛을 무기로 꺼지지 않을 '빛의 혁명'

을 수행 중입니다.

국민의 충직한 일꾼으로서, 국민과 역사의 명령에 따라 빛의 혁명을 위한 유용한 도구가 되겠습니다. 국민이 가리키는 희망의 길을 거침없이 열어나가겠습니다.

위기를 기회로 만들며 5000년 유구한 역사를 이어온 나라, 식민지에서 해방된 나라 중 유일하게 산업화와 민주화에 성공하고 선진국에 진입한 자랑스러운 대한민국입니다. 우리 국민의 위대한 저력으로 저 국가반란 세력의 흉측한 망상을 걷어내고 우리는 더 강한 모범적 민주국가로 거듭날 것입니다.

이번의 위기를 새로운 도약과 발전의 기회로 만들 것입니다. 국민과 함께, 내란의 밤을 끝내고 희망의 아침을 열겠습니다.

내란 사태 관련 대국민 성명
2024년 12월 27일 오전 11시 국회 본청 당대표회의실

새벽의 충격, 서부지법 난동

　　벌어져선 안 될 일이 또다시 벌어졌다. 2025년 1월 19일 새벽 극우 폭도들에 의해 서부지법이 침탈당하고 파괴되었다. 서부지법 난동 사태는 국가공동체의 질서를 유지하는 근간인 사법체계와 민주공화국의 기본 질서를 파괴하는 행위다. 그 어떤 이유로도 용납할 수 없다. 법의 준엄한 심판으로 단죄해야 한다.

*　*　*

　　오늘 새벽 벌어진 서부지방법원 난동 사태는, 사법체계를 파괴하는 결코 용납할 수 없는 행위입니다. 국가가 해야 할 일이 크게 세 가지 있습니다. 첫째는 국가공동체 전체를 지키는 안전보장, 안보입니다. 두 번째로 중요한 것은 국가공동체 내에 합리적인 질서를 유지하는 것입니다. 셋째가 공동체 구성원이 함께 잘 사는 세상을 만드는 것입니다.

그런데 오늘 새벽에 벌어진 난동 사태는 국가공동체의 질서를 유지하는 사법체계를 파괴하는, 민주공화국의 기본적 질서를 파괴하는 행위입니다. 어떤 이유로도 용납할 수 없는 행위라는 말씀을 드립니다.

그러나 국민 여러분, 우리가 겪는 이 혼란은 새로운 출발을 위한 진통이라고 생각합니다. 지금의 이 혼란상도 우리 위대한 국민들의 힘으로 반드시 극복할 것이고, 그 결과로 희망 있는 새로운 세상을 향해 뚜벅뚜벅 나아갈 수 있을 것입니다.

우리 국민은 언제나 위기를 이겨내왔습니다. 모든 위기를 극복해낸 힘은 국민들에게서 나왔습니다. 지금까지 그랬던 것처럼 앞으로도 우리 국민의 저력으로 어둠을 걷어내고 새로운 희망, 더 나은 세상을 향해 나아갈 수 있다고 믿습니다.

참 안타깝기 이를 데 없는 일이지만, 이 고통조차도 새로운 성장의 원동력으로 쓰일 것이라고 믿습니다.

서부지방법원 난동 사태 관련 입장
2025년 1월 19일 오전 11시 55분 국회 본청 당대표회의실

나라가 망할 뻔했는데 아무 일도 없었다?

내란 세력이 친위쿠데타를 희화화하면서 국민들의 공분을
샀다. 내란수괴로 지목된 윤석열 대통령은 헌법재판소 법정에
나가서도 입만 열면 거짓말이고, 아무 일도 없었으니 평화적
계엄이라는 헛소리를 늘어놓았다. 뿐만 아니라 모든 책임이
본인을 가리키고 있는데도 부하들에게 떠넘기기 바빴다.

아무 일도 없었다고? 온 국민이 공포에 떨며 계엄군이 국회
에 난입하는 장면을 생중계로 지켜봤는데도 뻔뻔함의 극치를
드러냈다. 나라가 완전히 망할 뻔했다. 다시는 회복할 수 없는
후진국의 늪에 빠질 뻔했다.

대체 무엇 때문에 정치를 하는가. 온 국민을 사지로 내몰고,

나라의 미래를 암흑천지로 만들어도 자신들의 권력만 유지하면 된다는 것인가. 결코 잊어서도 용서해서도 안 될 일이다.

* * *

　지금 국민의힘이나 윤석열 내란 피고인과 그 관련자들이 이 내란 사태 즉, 친위 군사쿠데타 사건을 희화화하려고 하는 것 같습니다. 장난으로 만들려는 것 같습니다. 말이 그렇습니다. 무슨 달그림자니, 아무 일도 없었다느니, 심지어 이런 식으로 하다 보면 '한여름 밤의 꿈' 정도로 만들려고 하는 것 아닌가 그런 생각이 듭니다.

　분명한 것은, 이들은 명확한 의도를 가지고 이 나라 민주주의를 완벽하게 파괴하고 군정에 의한 영구집권을 획책했습니다. 그 과정에서 국민들의 인권은 파괴되었을 것이고, 이 나라 경제는 '폭망'했을 것이고, 이 나라는 군인들이 통치하는 후진국으로 전락했을 것입니다.

　노상원이라는 자가 실제 작전명령에서 HID 요원들을 폭사시키라고 지시했다는 것 아닙니까? 그 사람이 이번 군사쿠데타 계획에 의하면 수사 책임자가 되기로 되어 있었다는 거죠. 그자가 준비했던 것이 뭡니까? 야구방망이로 누구를 때리려고 한 것입니까?

저는 칼에 찔려 죽거나 총에 맞아 죽는 것은 두렵지 않습니다. 그런데 야구방망이는 두렵습니다. 펜치, 니퍼, 그걸로 도대체 뭘 뽑으려고 한 것입니까? 수제 절단기 그건 도대체 뭘 자르려고 한 것입니까?

노태악 중앙선거관리위원장, 대법관을 잡아다가 직접 취조할 때 순순히 말로 물어보려고 했습니까? 백령도에 가서 수장 운운한 건 대체 무엇입니까? B1 벙커 수백 미터 지하에 주요 언론인, 야당 정치인, 주요 인사들을 잡아다 가둬놓고 뭐 하려고 했습니까? 사법제도도 다 망가뜨리고, 군사재판으로 일반 시민들을 재판하면서 대체 어떻게 하려고 했습니까? 아예 군 사법원까지 재편하려고, 어제 보니까 무슨 판사들 뒷조사를 시켰다는 것 아닙니까? 군판사들.

모든 행정을 군인들이 장악해서 이래라 저래라 하면 행정이 되겠습니까? 경제가 되겠습니까? 외교가 되겠습니까? 이 나라를 군인들이 모든 것을 결정하는 완벽한 후진 군사정치 국가로 만들려고 했던 것입니다. 인권이 살아남아 있겠습니까? 아무나 잡아다가 고문하고, 영장 없이 체포하고, 구속하고, 어디로 잡혀가는지도 모르고… 그런 심각한 나라를 만들려고 했습니다.

이 나라 국민들은, 이 나라 다음 세대들은 어떤 세상을 살게 될 것입니까? 김건희·윤석열 부부는 영구집권하면서 영화를 누리겠지만, 그리고 여기에 빌붙어 그들을 옹호하는 국민의힘은 권력을 누리겠지만, 5200만 우리 국민들은 참혹한 삶을 살게 될 것입니다. 그렇게 만들려고 했습니다.

그런데 이게 장난입니까? 실실 웃으면서 아무 일도 없었다고 말할 사안입니까? 이게 민주당 때문이라고 핑계 대면서 정당한 행위였다고 주장할 사안입니까? 민주당이 권한을 어떻게 행사했든 그것이 이 나라 민주공화정을 완전히 파괴하고 군정으로 되돌아갈 합리적 이유가 됩니까?

아무 일도 없었다고요? 온 국민이 밤을 새우고 지금도 다시 그들이 되돌아올까 두려워서 정신과 병원 드나들면서 불안증을 겪는 그 수없이 많은 국민들은 아무런 피해자가 아닙니까? 저렇게 환율이 폭등해서 이 나라 모든 국민들의 재산이 7퍼센트씩 날아가도 아무 일도 없었던 것입니까?

그러면 협박죄는 왜 있습니까? 아무 일도 없지 않았습니까? 법을 전공했으니까 물어보겠습니다. 형법에 미수죄가 뭐 하러 있습니까? 아무 일도 없지 않았습니까? 살인미수, 죽지 않았습니다. 협박, 아무 일 없었잖아요. 근데 왜 처벌합니까?

아무 일도 없었다고요? 심각한 일이 있었습니다. 나라가 완전히 망할 뻔했습니다. 온 국민이 고통스러워질 뻔했습니다. 온 국민이 절망하고 나라가 완전히 후진국으로 전락할 뻔했습니다.

내란을 획책한 그들이 너무나 부실해서 다행이었습니다. 현명하지 않아서 다행이었습니다. 국민이 위대해서 다행이었습니다. 여기 계신 민주당 의원님들 165명, 해외에 나간 5명을 제외한 165명이 단 1시간 반 만에 전원이 경찰과 군의 경계를 뚫고 담장을 넘어서 목숨과 체포를 감수하고, 죽을지도 모르는 그 상황을 돌파해서 국회에 모였습니다. 그래서 다행이었습니다.

현장에 파견된 일선 계엄군 지휘관, 계엄 병사들이 양심에 따라 사실상 항명하고 민주주의를 지키기 위해 버텨줘서 다행이었습니다. 수방사에서 헬기들의 여의도 접근을 40분이나 막아서 다행이었습니다. 그리고 실탄을 병사들에게 지급하지 않아서 다행이었습니다. 착검을 하지 않게 해서 다행이었습니다. 단 한 번의 충돌도 없도록 자제해서 그야말로 다행이었습니다.

단 한 발의 총성이라도 들렸더라면, 단 한 번의 주먹질이라도 시작되었더라면 이 나라는 완벽한 암흑사회로 전락했을 것입니다. 그 수없이 많은 우연들 덕분에 그나마 이렇게 회복하고 있는 중입니다.

그런데 아무 일도 없었다고요? 다시 그 세상을 만들고 싶습니까? 국민의힘, 정말로 정치를 그렇게 하면 안 됩니다. 대체 무엇 때문에 정치를 합니까? 온 국민이 고통에 절망하고 나라의 미래가 완전히 사라져서 세상이 암흑이 되어도 당신들만 권력을 유지하면 됩니까?

아무 일도 없었던 것이 아니라 심각한 일이 있었던 것입니다. 지금도 그 심각한 일은 계속되고 있습니다. 정신 차리기를 바랍니다.

제74차 최고위원회의 모두발언
2025년 2월 5일 오전 9시 국회 본청 당대표회의실

대통령 윤석열을 파면한다

"재판관 전원의 일치된 의견으로 주문을 선고합니다. 탄핵 사건이므로 선고 시각을 확인하겠습니다. 지금 시각은 오전 11시 22분입니다. 주문 피청구인 대통령 윤석열을 파면한다."

2025년 4월 4일 오전 서울 종로구 헌법재판소 대심판정. 문형배 헌법재판소장 권한대행의 이 말을 끝으로 탄핵 심판에 마침표를 찍었다. 2024년 12월 3일 비상계엄이 선포된 지 122일, 12월 14일 국회 탄핵소추안이 헌재에 접수된 지 111일 만이다.

윤석열 대통령은 권력과 총칼로 헌정질서와 민주주의를 위협했지만, 끝까지 빛의 혁명을 이끌어온 국민들이 민주공화국 대한민국을 지켜냈다.

촛불혁명에 이은 빛의 혁명으로 우리 국민들은 이 땅의 민주주의를 극적으로 부활시켰다. 국민들의 저력으로 이제부터 진짜 대한민국이 시작된다.

* * *

헌법을 파괴하며 국민이 맡긴 권력과 총칼로 국민과 민주주의를 위협한 윤석열 전 대통령에 대한 파면이 선고되었습니다. 위대한 국민들이 위대한 민주공화국 대한민국을 되찾아주셨습니다. 계엄군의 총칼에 쓰러져간 제주 4·3, 광주 5·18 영령들이, 총칼과 탱크 앞에 맞선 국민들이, 부당한 명령을 거부한 장병들의 용기가 오늘 이 위대한 빛의 혁명을 이끌었습니다. 대한민국 민주공화정을 지켜주신 국민 여러분, 진심으로 존경과 감사의 말씀을 드립니다.

현직 대통령이 두 번째로 탄핵된 것은 다시는 없어야 할 대한민국 헌정사의 비극입니다. 저 자신을 포함한 정치권 모두가 깊이 성찰하고 책임을 통감해야 될 일입니다. 더 이상 헌정파괴의 비극이 반복되지 않도록, 정치가 국민과 국가의 희망

헌재 선고 관련 긴급 입장 발표
2025년 4월 4일 국회 본청 당대표회의실

이 되도록 최선을 다하겠습니다.

세계 역사상 비무장 국민의 힘으로 평화롭게 무도한 권력을 제압한 예는 대한민국이 유일합니다. 촛불혁명에 이은 빛의 혁명으로 우리 국민은 이 땅의 민주주의를 극적으로 부활시켰습니다. 세계는 우리 대한민국을 재평가할 것이고, K민주주의의 힘을 선망하게 될 것입니다. 우리가 힘을 모으면 국제사회의 신뢰를 신속하게 회복하고 오히려 위기를 기회로 만들수 있습니다.

이제부터 진짜 대한민국이 시작됩니다. 국민과 함께 대통합의 정신으로 무너진 민생, 평화, 경제, 민주주의를 회복시키겠습니다. 모든 국민이 안전하고 평화로운 나라에서 희망을 가지고 함께 살아가는 그런 세상을 향해 성장과 발전의 길을 확실하게 열어가겠습니다. 고맙습니다.

헌재 선고 관련 긴급 입장
2025년 4월 4일 오전 11시 50분 국회 본청 당대표회의실

3장

나의
정치인생, 정치철학

당대표라는 책임

내가 처음으로 더불어민주당 대표가 된 것은 2022년 8월이다. 그 후 2024년 8월 다시 당대표에 선출되어 지금까지 대한민국 국회 제1야당의 대표직을 수행하고 있다. 햇수로는 당대표 4년차다.

당대표직 업무를 수행하다 보니 절대적으로 시간이 부족하다. 육체적으로도 엄청나게 힘든 일이다. 일정이 정말 빡빡하고, 신경 쓸 일이 한두 가지가 아니다. 당대표라는 공직이 갖는 '책임'을 생각하면 할 일이 정말 많아진다. 무엇 하나 중요하지 않은 게 없다. 시간적으로나 물리적으로나 참으로 힘든 일이다.

당대표의 '무게감'이라는 것은 '책임감'의 크기를 뜻한다. 그런 측면에서 보자면 큰 하중을 느끼는 자리다. 숨 막힐 정도로 답답할 때도 있다. 그러나 누구에게 떠넘길 수 없는 문제이니 결국 스스로 감당해야 할 몫이다. 유권자들이 나를 국회의원으로 뽑아주신 것도, 당대표로 뽑아주신 것도 국정의 중요한 역할을 맡으라고 권한을 주신 것이기 때문이다. 다만 당대표는 개별 국회의원 때보다 감당해야 할 몫이 커지기 때문에 그만큼 중압감도 크게 느낄 수밖에 없다.

우리 헌정사에서 2024년 4월 총선처럼 야당이 과반 의석을 차지한 경우는 처음 있는 일이다. 그것도 간신히 과반을 한 게 아니라 압도적 과반을 차지했다. 이렇게 큰 성과를 거뒀으니 박수 칠 때 당대표직에서 떠나면 더 낫지 않겠느냐는 이야기도 많았다. 굳이 다시 한번 당대표를 하지 않아도 된다는 뜻이었다. 당연히 맞는 말이다. 나의 개인적인 정치적 미래만을 생각한다면 그것이 훨씬 나은 선택일 수 있다. 그런데 문제는 정치적 상황이 너무 엄혹하다는 데 있었다.

우리는 지난 2022년 대통령 선거에서 졌다. 정당들의 역사를 보면, 대선에서 진 정당은 대개 지리멸렬해진다. 서로 책임을 따지고 찢어지고 갈등한다. 대선에서 승리한 상대방의 공격을 받아 후퇴를 하고, 그러다 보면 세력까지 잃게 된다. 그

래서 대선에서 지고 나면 당 지지율이 20퍼센트를 넘기기가 어렵다.

엄혹한 상황을 계속 만들어내는 윤석열 정권에서 나는 우리 민주당이 중심을 잃지 않고 대오를 유지하는 것이 중요하다고 판단했다. 윤석열 정권이 만들어내는 위기 국면에서 우리끼리 분열하고 갈등하고 상대 진영에게 밀리면 국민들에게 대안세력으로 인정받기 어려울 것이 뻔했다. 그렇기 때문에 대선 패배 이후에 지속적으로 굳건하게 대오를 유지하면서 미래 대안세력으로서 국민의 신뢰를 차곡차곡 쌓아나가는 것이 절실하다고 생각했다.

그 절실함이 있기에 4년차 당대표를 감당하고 있다. 그런데 참 힘들긴 하다.

정치란 무엇인가

정치란 무엇인가? 이 질문에 내가 항상 하는 이야기가 있다.

"정치는 정해져 있는 것을 하는 게 아니다. 정해져 있는 걸 하는 것은 행정이다. 정치는 행정과는 달리 없는 길을 새로 만드는 것이다. 절망 속에서 희망을 만들어내 비전을 제시하고, 사람들에게 꿈을 심어주는 게 정치이고, 정치인이 해야 할 일이다."

정치인을 말(馬)에 비유하자면, 정해진 트랙을 빠른 속도로 잘 도는 말이 중요한 게 아니다. 제대로 된 말이라면 방책(防柵)을 뛰어넘을 수 있어야 한다. 정치인도 울타리를 뛰어넘어 새로운 길을 만들 줄 알아야 한다.

ⓒ 위성환

반도체특별법 정책 디베이트(찬반토론) 참석을 위해 이동하며
2025년 2월 3일 국회 본청 로텐더홀

정치에서 우선 중요한 것은 '무엇을 하고자 하는가'에 대한 의지와 방향이다. 능력은 그다음의 문제다. 의지와 방향이 있다면 부족한 능력은 다른 쪽에서 끌어다 쓰면 된다. 그래서 능력의 유무는 차선이고 무엇을 지향하는가의 의지와 방향이 더 중요하다.

내 인생은 공공재가 되었다

나는 우리 국민의 위대함을 믿는다. '결국 정치는 국민이 하는 것'이라는 말을 늘 가슴에 새기고 있다. 나는 주요 연설 때마다 이 말을 해왔다.

"정치는 정치인들이 하는 것 같아도 결국은 국민이 하는 것입니다."

이것은 내 스스로에게 거는 주문이기도 하다. 이런 믿음이 없었다면, 가혹하고 엄혹한 현실을 견디기 어려웠을 것이다. 실제로도 국민은 위대하고, 역사는 사필귀정으로 진행되어왔다. 그렇지 않다면, 그런 믿음이 없었다면 어떻게 내가 이 참혹한 세월을 견디며 살아왔겠는가.

김건희·윤석열 국정농단 규탄 및 특검 촉구 국민행동의 날
2024년 11월 2일 서울역

ⓒ 더불어민주당

나는 많은 국민들께서 이재명이란 정치인에게 거는 기대와 희망을 잘 알고 있다. 그래서 늘 감사드린다. 물론 그러한 사랑이 중압감으로 다가오는 것도 사실이다. 어느 순간, 내 삶 자체가 내 개인의 인생이 아니라 일종의 공공재산이 되었다는 생각을 한다. 그만큼 책임감도 커진다. 그렇지만 짧은 인생을 사는데, 국민들로부터 그런 큰 기대를 받는 것도 영광 아니겠는가.

겨울이 정말 깊을 때 사람들은 힘들어한다. 그 추위를 못 견디는 경우도 있지만, 인내를 갖고 기다리다 보면 결국 봄이 온다. 그것이 자연의 이치다. 사람도 자연의 일부다. 노무현 전 대통령께서도 마지막으로 남긴 글에서 "삶과 죽음이 모두 자연의 한 조각 아니겠는가"라고 하지 않으셨던가. 인생도 자연의 일부이기 때문에 결국 제자리를 찾아가게 되어 있다.

결국 봄은 온다. 결국 국민이 한다. 나는 그렇다고 믿는다. 우리 역사를 살펴봐도, 독재정권이 아무리 폭압통치를 해도 결국 국민들이 극복하고 이겨냈다. 12·3 내란도 국민이 이겨냈다.

소년공, 그 참혹한 시절이 있었기에

나의 어린 시절은 참혹했다. 다른 아이들이 중고등학교에 다닐 때 나는 내내 소년공이었다. 그래서 교복을 입어보지 못했다. 나와 우리 가족은 시장에서 버린 썩은 과일로 배를 채우며 살았다. 공장 일을 하다가 프레스에 왼쪽 손목이 으깨져 장애인이 되었고, 앞날이 깜깜한 열여섯 이재명은 스스로 목숨을 끊으려 했다.

20대 대통령 선거운동이 한창이던 2022년 1월 24일 나는 제1당의 대통령 후보가 되어 그 시장에서 연설을 했다. 나의 정치적 고향인 성남시 상대원시장은 우리 가족의 애환과 눈물이 함께한 곳이었기에 나의 유세는 눈물범벅이 되었다.

"여러분, 이런 저의 참혹했던 삶이 제가 어떤 곤경에도 불구하고 앞으로 나아가게 하는 원동력입니다. 지금도 누군가는 세상을 포기하고 떠나고 있습니다. 그런 사람들에게 기회를 주고 싶습니다. 희망을 만들어주고 싶습니다. (…) 저는 정치를 왜 하는가를 가끔씩 생각합니다. 제가 정치를 하는 이유는 제가 탈출해버렸던 그 웅덩이 속에서 지금도 여전히 좌절하고 고통받고 절망하는 사람들이 있는데 그들에게 공정한 세상을 만들어주기 위해서입니다."

다음은 그날의 연설을 요약 보완한 것이다.

* * *

성남시민 여러분, 상대원시장에 계시는 상인 여러분, 저희 가족은 수십 년간 이 공간에서 생계를 유지하고 여러분과 함께 살았습니다. 다시 이곳에 오니까 갑자기 눈물이 납니다.

1976년 2월 23일 비 오던 날 새벽에, 싸락눈이 내리던 그 새벽에, 저희 가족은 구종점 단대오거리에 내려 짐을 이고 지고 여기를 걸어 올라와서 세 들어 살 집으로 갔습니다. 그런데 성남시민 분들이 기억하시는 것처럼, 그 길이 진창이라서 신발이 자꾸 벗겨지고 걸어 다닐 수가 없는 그런 곳이었습니다.

저희 아버지는 이 시장에서 청소 노동자로 일하셨고, 어머니는 이 상대원시장에 있던 2층짜리 건물 공중화장실에서 일하셨습니다. 소변을 보면 10원, 대변을 보면 20원 이렇게 받았습니다. 어머니는 제 여동생과 함께 화장실을 지켰습니다.

저희 가족은 저 상대원 꼭대기에 살았는데 정말 열심히 살았습니다. 저는 초등학교를 마친 뒤 중학교에 가지 못하고 공장에서 일하기 시작했습니다. 고등학교도 가지 못하고 이 공장, 저 공장에서 일했습니다. 그래서 저는 교복을 입어보지 못했습니다.

어머니께서는 공중화장실로 출근하시기 전에 제 손을 잡고 공장에 바래다주셨습니다. 그래도 행복했습니다. 밤늦게 야간작업, 철야작업이 끝나고 집에 오면 어머니는 그 오랜 시간을 일하시고 나서도 아들이 퇴근할 때까지 기다려주셨습니다.

아버지께서는 상대원시장에서 청소 일을 하다가 시장에서 버린 종이나 깡통 같은 것들을 모아 하대원에 있는 고물상에 가져다 파셨습니다. 그리고 시장을 돌며 청소하다가 상인들이 버린 과일을 주워 모았습니다. 썩기 직전 또는 썩어서 버린 과일 주워다가 우리 식구들을 먹여 살리셨습니다.

저희 가족은 시집 간 누나 빼고 여덟 명이 반지하방 한 곳에서 살았습니다. 그때 저희 집에는 냉장고가 없었습니다. 식구들은 밤이면 다 모여서 아버지가 주워온 썩기 직전의 과일들을 한꺼번에 배가 터지게 먹어치웠습니다. 냉장고도 없는데 놔두면 썩으니까, 내일 아침에는 썩어서 못 먹으니까요.

저는 이 상대원시장 골목에서 청소하는 아버지의 더러운 리어카를 뒤에서 밀 때가 많았습니다. 아침이면 교복 입은 여학생들이 이 골목을 통해 학교를 가곤 했습니다. 저는 그때 창피해서 그들을 피해 저 구석으로 숨었습니다.

그렇게 어렵게 살면서 공장에 다녔는데 작업을 하다가 팔을 다쳤습니다. 야구글러브를 만드는 공장 프레스에 왼쪽 손목관절이 으깨져 성장판이 깨졌습니다. 팔은 굽혀져 제대로 펴지지 않았습니다. 공장 일을 해서 돈을 벌어야 하는데 팔을 다쳐 장애인이 되었으니 앞날이 너무 캄캄했습니다. 그래서 그 어린 나이에 생을 포기하려고 했고, 실행해보기도 한 곳이 바로 저 뒤에 있는 1층 집의 반지하였습니다.

그러나 여러분, 이런 저의 참혹했던 삶이 제가 어떤 곤경에도 불구하고 앞으로 나아가게 하는 원동력입니다. 지금도 누군가는 세상을 포기하고 떠나고 있습니다. 그런 사람들에게 기회를 주고 싶습니다. 희망을 만들어주고 싶습니다.

국민 여러분, 저는 정치를 왜 하는가를 가끔씩 생각합니다. 제가 정치를 하는 이유는, 제가 탈출해버렸던 그 웅덩이 속에서 지금도 여전히 좌절하고 고통받고 절망하는 사람들에게 공정한 세상을 만들어주기 위해서입니다.

저는 사법고시에 합격하고 사법연수원을 졸업할 때, 판검사 임용이 가능한 등수였음에도 어머니에게 거짓말을 했습니다. 화장실을 지키면서 아들이 잘되기만 바랐던 우리 어머니에게 거짓말을 했습니다. "판검사 임용될 실력이 안되어 변호사를 해야 하니 어머니 이해하세요." 이렇게 말하고, 스물다섯 나이에 인권변호사의 길을 선택했습니다. 저처럼 고통받고 절망하는 사람들에게 힘이 되어주고 싶었습니다.

ⓒ 위성환

더불어민주당 당대표 후보 연설
2024년 7월 27일 경남 창원

제가 시민운동을 할 때도 그랬습니다. 권력을 사적인 이익을 위해서 쓰는 이 부패한 정치와 행정을 감시하기 위해서 시민운동을 했습니다. 그러다가 제가 성남시장이 되었습니다. 열심히 일했고, 깨끗하게 살려고 노력했고, 부정부패 못 하게 막았고, 공정하게 권한 행사하도록 공무원들 지휘했습니다. 그래서 지금 이 자리까지 왔습니다.

상대원시장 이곳에는 우리 아버지, 어머니의 숨결이 여전히 남아 있습니다. 제가 우리 가족, 우리 형제들 그리고 저와 함께 공장에서 일했던 그 수많은 사람들, 어려운 환경에서도 최선을 다해 일하는 그 많은 사람들을 위해서 지금보다 몇 배, 몇십 배 더 열심히 하겠습니다.

공정한 세상이 되어야 합니다. 억울한 사람이 없어야 합니다. 삶에 희망이 있어야 합니다. 그래서 '나도 열심히 노력하면 나에게도 길이 있다'고 생각이 되어야, 최소한 '내 다음 세대들은 나보다는 더 나은 삶을 살 것'이라고 믿어지는 세상이라야 아이도 낳고 꿈을 가지고 열심히 살 것 아닙니까.

이재명이 하는 정치에는 저의 삶이 다 투영되어 있습니다.

제가 경기도지사 시절 어린이들에게 과일을 주는 사업을 한 이유도 냉장고에 과일 넣어놓고 먹고 싶을 때 꺼내 먹는 게 제 꿈이었기 때문에 그렇습니다.

저는 교복을 입어보지 못했습니다. 그래서 아이들에게 최소한 교복 한 벌은 해주자, 부모가 돈이 없어서, 교복 살 돈이 없어서 선배들이 입던 교복 물려 입는 그 아픈 심정을 제가 조금이라도 덜어주고 싶어서 무상교복 정책을 시작했습니다.

그때 저희 가족과 함께 힘들게 살았던 사람들이 여전히 혹독한 노동에 시달리고, 위험 속에서 목숨을 잃어가고 있습니다. 지금도 얼마나 많은 사람들이 힘겹게 살아갑니까. 국가가 할 일이 뭐겠습니까. 힘겹고 어려운 사람들에게 용기를 주고, 많은 사람들이 행복을 찾아갈 수 있도록 길을 열고, 일자리가 없는 사람에게는 일자리를, 장사가 안되는 사람들에게는 장사할 수 있는 기회를 주는 게 바로 정치 아닙니까.

그래서 저는 여러분께 이렇게 말씀드리고 싶습니다. 함께 잘 사는 세상, 좌절해서 이 세상을 포기하고 싶은 사람이 없는 세상, 열심히 일하면 내게도 기회가 주어지고 나도 성공할 수 있다고 믿어지는 그런 세상, 여러분 만들고 싶지 않습니까?

제가 하는 모든 일에는 우리 서민들의 삶과 이재명의 참혹했던 삶이 투영되어 있습니다. 앞으로도 여러분을 위해서 최선을 다하겠습니다.

대학생 이재명, 인생항로를 바꾸다

오월 광주를 생각하면 개인적으로 미안한 마음이 먼저 든다. 2024년 5월 18일 빛고을 광주에서 민주당원들을 대상으로 연설할 때 나는 "광주는 나의 사회적 어머니"라면서 그렇게 말한 이유를 이야기했다.

나는 1980년 5월 광주민주화운동 때 오리엔트시계 공장의 노동자였다. 그 당시에 내가 본 텔레비전 화면, 신문, 라디오에서 나오는 소리는 "광주의 폭도들이 북한군과 연계해서 폭동을 일으켰다. 무기고를 탈취해서 사람들을 죽이고 있다. 그래서 진압 중이다. 계엄군이 폭도들을 진압했다. 그 과정에서 군인들이 억울하게 죽었다"라는 것이었다. 똑같은 내용을 반복해서 듣다 보니까 '아, 정말 나쁜 사람들이구나. 혼이 나야 되겠구나'라는 생각이 들었고, 거칠게 비난하는 표현까지 내 입으로 하고 다녔다.

검정고시로 중고교 과정을 마치고, 1982년 중앙대 법학과에 입학했다. 대학에서는 그동안 사회에서 보지 못했던 이상한 장면들과 마주했다. 누군가가 철조망이 칭칭 감긴 가시나무를 기어 올라가더니 거기서 뭐라고 소리를 꽥꽥 지르다가 누군가한테 잡혀 끌려가는 장면을 목격했다. 잘 알아보기도 어려운 유인물에는 뭔가 시커멓게 뭉개진 그림들이 몇 개 그려져 있었고, 광주 상황에 대한 여러 글이 적혀 있었다.

당시에는 누가 또 거짓말로 선동한다고만 생각했다. 시간이 지난 후 캠퍼스에서 또 다른 낯선 장면을 목격했다. 누군가 갑자기 도서관 유리창을 깨고 밧줄을 타고 내려오더니 유인물을 공중에 흩뿌렸다. 곧이어 와장창하는 소리와 함께 교내에 사복 차림으로 잠복해 있던 경찰들이 그들을 잡아서 끌고 갔다. 이런 일들이 몇 차례 반복되었다.

그 장면들을 목격하면서 나는 깨달았다. 내가 소년공 시절에 신문과 방송 내용으로만 알고 있었던 '오월 광주'는 진실과는 거리가 멀었다는 것을. 완전히 반대의 사실이었다는 것을.

그들은 광주의 진실을 담은 유인물을 뿌리다가 경찰에게 잡혀가서 몇 년씩 징역을 살았다. 그들의 끊임없는 노력 덕분에 잘못된 거짓 정보에 속아서 그 억울한 오월 광주의 피해자들을 욕하고 다니던 '공돌이' 출신 이재명이라는 대학생 한 명이 정반대에 있던 진실을 깨닫고 정신을 번쩍 차리게 된 것이다.

그러고 나서야 비로소 알게 되었다. 내가 그동안 '오월 광주'에 얼마나 가혹한 짓을 했는지. 요즘 말로 하면 2차 가해를 저지른 것이다. 광주민주화운동의 유족들, 군사정권의 무자비한 폭력과 고문으로 평생 장애를 안고 사는 분들, 회복하기 힘든 육체적·정신적 상처 후유증으로 지금까지도 치료받고 있는 분들께 죄송하다. 소년공 시절에 뭣도 모르고 떠들고 다녔던 말들이 얼마나 큰 상처가 되었겠는가. 그때의 내 모습을 생각하면 지금도 한없이 부끄럽다.

통제된 언론보도에 길들여지고 철저하게 속았다. 결과적으로 2차 가해에 참여했다는 사실이 부끄럽기도 하고 억울하기도 했다. 나와 같이 거짓에 속는 사람들이 또 생길 수 있다는 걱정도 들었다. 다시는 누군가의 잘못된 욕망을 채우기 위해 우주나 다름없는 수많은 생명체들을 파괴하는 일들이 이 세상에서 벌어지게 두면 안 된다는 다짐을 했다.

'오월 광주'의 진실을 알게 되면서 나는 내 인생의 항로를 바꿨다. 나를 낳아준 생물학적 어머니는 따로 계시지만, 나를

“오월정신으로 국민승리의 역사를 만들겠습니다.”
2024년 3월 21일 국립5·18민주묘지

ⓒ 더불어민주당

반성하고 개선할 줄 아는 성숙한 인간으로 태어나게 만들어 준 사회적 어머니는 '광주'였다.

광주는 민주주의의 성지일 뿐만 아니라 앞으로도 끊임없이 대한민국의 민주주의를 지켜내고 평화와 인권을 확장하는, 그야말로 전 세계 민주주의의 정신으로 살아 숨 쉴 것이다. 광주 5·18 정신을 반드시 헌법 전문(前文)에 수록해서 민주공화국 대한민국의 역사 속에 영원히 남겨두어야 한다. 내가 정치를 하는 중요한 이유 가운데 하나다.

내 아내 혜경아, 미안하다

정치인을 남편으로 둔 탓에 내 아내 김혜경은 궂은일을 도맡았고, 겪지 않아도 될 고초를 겪었다. 아내에게는 잘 표현을 못 했지만 모두 내 탓인 것만 같아서 늘 마음이 무겁고 미안했다. 인권변호사 시절부터 성남시장, 경기도지사, 민주당 대선 후보와 당대표를 맡으면서 아내의 어깨 위에 놓인 짐의 무게는 늘어만 갔다.

2024년 11월 14일 법정으로 향하는 아내를 보면서 내 마음의 한 조각이라도 전하고 싶어서 '아내에게 보내는 편지'를 썼다. 지금도 변함없는 내 마음이다.

***

    가난한 청년 변호사와 평생을 약속하고 생면부지 성남으로 와 팔자에 없던 월세살이를 시작한 스물다섯 살 아가씨. 먹고 살기도 어려운데 인권운동, 시민운동 한다며 나대는 남편을 보며 험한 미래를 조금은 예상했겠지만, 세상 사람들이 다 지켜보는 가운데 회술레(목을 벨 죄인을 처형하기 전에 얼굴에 회칠을 한 후 사람들 앞에 내돌리던 일)를 당할 줄은 꿈에도 몰랐을 게다.

    아무리 그래도 여자인데 금가락지 하나 챙겨 끼지 못하고, 아이들 키우고 살림하느라 그 곱던 얼굴도 많이 상하고, 피아노 건반 누르던 예쁘고 부드럽던 손가락도 주름이 졌지만 평생 남의 것 부당한 것을 노리거나 기대지 않았다.

    남편 업무 지원하는 잘 아는 비서에게 사적으로 음식물 심부름 시킨 게 죄라면 죄겠지만, 미안한 마음에 음식물 값에 더해 조금의 용돈도 주었고 그가 썼다는 법인카드는 구경조차 못 했다.

    아내는 내가 불필요하게 세상사에 참견하고, 거대한 불의를 고치고야 말겠다는 오지랖 당랑거철 행각으로 수배를 받고, 검찰청 구치소를 들락거리는 것까지는 참고 견뎠지만, 선거 출마는 이혼하고 하라며 죽어라 반대했다.

고생해도 내가 하지 니가 하냐는 철없는 생각으로 아내 말을 무시한 채 내 맘대로 정치에 뛰어들었다. 겉으로는 화려해 보이는 시장, 도지사였지만 변호사 때보다 못한 보수에 매일 이다시피 수사, 감사, 악의적 보도에 시달렸다. 이해타산을 따지면 할 이유가 없는 일이었지만 나름 의미 있는 일, 하고 싶은 일이었고, 그래도 아내와 가족들은 안전했다.

그런데 대선(2022년)에서 패한 후 본격적인 보복이 시작되었다. 수년 동안 100명에 가까운 검사를 투입한 무제한 표적·조작 수사가 계속되었다. 천 번을 향하는 무수한 압수수색, 수백 명의 소환조사, 사람들이 목숨을 버릴 만큼 강압적인 수사로 없는 먼지를 털어 만든 기소장이 연거푸 날아오고, 구치소에서 구속을 대기하기도 했지만, 진실은 나의 편이라 얼마든지 견뎌낼 수 있었다.

그러나 동네건달도 가족은 건들지 않는다는 속설을 믿은 나

나의 아내 김혜경
2024년 8월 18일 더불어민주당 전국당원대회

ⓒ 위성환

의 상식과 달리 아내와 아이들이 공격 표적에 추가되었다. 반복적이고 집요한 장기간 먼지 털기 끝에 아이들은 다행히 마수에서 벗어났지만 아내는 희생제물이 되었다. 선물까지 일일이 뒤져 혹여 값나가는 것이 있으면 다시 포장해 돌려주고, 사람을 만나는 것조차 조심하며 살아온 아내가 공개소환 수사에 법정에 끌려다니는 장면은 남편 입장에서 차마 눈뜨고 보기 어렵다.

안 그래도 힘든 남편이 자기 때문에 더 힘들까 봐 아무렇지 않은 척 활짝 웃고 말하지만 얼마나 수치스럽고 억울하고 힘들까. 재판 받는다며 일찌감치 준비하고 나서는 아내를 볼 때마다 숨이 막힌다. 소설 속에서나 읽었던 가슴이 미어진다는 말을 이 나이가 되어서야 체감한다. 숨이 막히고 쪼그라들며 답답해진 가슴을 양손으로 찢어 헤치면 시원해질 것 같다.

'남자는 태어날 때, 부모상 당했을 때, 죽을 때 말고는 울지 않는다'는 경상도식 가부장적 교육 탓도 있겠지만 나는 웬만해선 울지 않는다. 그런데 나이 탓이겠지만 아무 잘못 없이 나 때문에 중인환시리(衆人環視裡, 많은 사람들이 빙 둘러싸고 바라봄)에 죄인처럼 끌려다니는 아내를 보면 그러지 못한다. 지금 이 순간도 가슴이 조여오고 숨이 막힌다. 앞이 잘 보이지 않는다.

1990년 8월 9일, 잠실 롯데호텔 페닌슐라에서 007미팅으로 만난 붉은 원피스의 아가씨. 만나는 순간부터 이 사람 없이는 살 수 없다고 생각했던 세상에서 가장 아름다운 사람. 평생, 아직도 나를 '자기야'라고 부르며 자신보다 남편과 아이들을 더 챙기는 혜경아.

미안하다. 죽고 싶을 만큼 미안하다.

언젠가, 젊은 시절 가난하고 무심해서 못 해준 반지 꼭 해줄게. 귀하게 자라 순하고 착한 당신에게 고통과 불행만 잔뜩 안겨준 내가 할 수 있는 말인지는 모르겠지만.

혜경아, 사랑한다.

국민 여러분이 저를 살리셨습니다

나는 죽음을 생각하지 않을 수 없었다. 피습을 당한 순간, 목에서 피가 흥건하게 흐르고 있음을 확인했기 때문이다.

2024년 1월 2일 오전 10시 29분 부산시 강서구 대항동 대항전망대에서 가덕도신공항 건설부지 시찰을 마치고 이동하면서 기자들과의 질의응답을 하던 중 전혀 예상치 못한 피습을 당했다. 살해 의도를 가진 범인이 내게 접근해 미리 준비한 양날형 검으로 내 목을 찔렀다. 정치테러이자 살인미수 사건이었다.

처음에는 주먹으로 세게 맞은 줄 알았다. 그런데 목을 만져보니 뭔가 뜨끈하고 끈적한 느낌의 액체가 만져졌다. 그 순간

'나는 이제 죽었구나'라는 생각이 스쳐 갔다. 누군가 내 목을 누르며 지혈을 했다. 그때 '곧 의식이 사라질 테니, 마지막으로 하늘이라도 한 번 더 보자'라는 생각이 들었다. 누워서 하늘을 쳐다봤더니 그날따라 정말 맑고 파랬다.

동행한 당직자들이 당황하면서 더 세게 지혈하라는 소리가 들렸고, 내 목을 더 강하게 압박했다. '이러다가 결국은 죽겠지' 하는 생각이 드니 가족의 얼굴이 떠올랐다. 그동안 정치인 남편 때문에 매번 희생하고 고생만 한 아내와 아들들에게 미안했다.

나는 원래 불교사상에 관심이 많다. 그래서 그런지 '모든 게 무에서 유로, 유에서 무로 사라지는 건데, 나도 그렇게 떠나는 건가'라는 생각도 들었다. 바닷가에 파도가 칠 때 포말이 인다. 그 포말은 다시 물속으로 들어가는데, 원래대로 돌아가는 것이다. 이처럼 잠깐 물방울이 되었다가 물로 돌아가는 것이 인생이라는 생각이 들었다.

10분, 20분이 지났는데도 의식이 아직 있었다. 그때 처음으로 '혹시, 살 수 있는 건가' 하는 생각이 들었다. 나중에 알고 보니 천운이었다. 칼에 찔린 곳으로부터 동맥은 1밀리미터 차이로 벗어났다. 칼이 동맥과 정맥 사이를 찔렀는데, 다행히 동맥을 가까스로 피해 간 것이다. 정맥은 67퍼센트가 잘렸다고 했다. 나는 의식이 계속 있음을 확인하고 그제야 주변 사람들에게 "내가 죽지 않았으니 걱정하지 말라"고 아내에게 알려달라고 했다.

아내는 나의 피습 소식을 아들과 함께 집에서 뉴스를 통해 알았다. 처음에는 '의식이 없다'는 뉴스 보도가 나와서 '큰일 났다'고 걱정하고 있던 차에 당직자를 통해 "의식은 있다"라는 연락을 받았다. 아내와 아들들도 그제야 가슴을 쓸어내리며 숨을 돌렸다.

나의 아버지는 55세 나이에 위암으로 돌아가셨다. 내가 아버지 나이보다 더 오래 살게 되면서 나는 그 이후의 생은 어쩌면 '덤'이라고 여겼다. 그러면 덜 집착하게 되고, 마음이 편해진다. 예상치 못한 피습 사건으로 칼에 찔렸고, 죽을 수도 있는 상황이었는데 살아났다. 아버지 나이보다 5년이나 더 살았으니 지금부터 '덤'으로 사는 인생이라는 생각이 들었다.

살인미수 정치테러로 자칫 목숨을 잃을 뻔했지만 하늘과 국민들께서 나를 살려주셨다. 이재명이 살아서 아직 해야 할 일이 더 많다고 여기신 것 같다. 다른 무엇으로도 설명하기 어렵다. 그 은혜에 보답하는 일만 남았다. 덕분에 부산대병원과 서울대병원에서 무사히 수술과 치료를 마쳤다. 1월 10일 오전에 퇴원하면서 국민들께 감사의 말씀을 전했다. 나는 "이번 사건이 증오의 정치, 대결의 정치를 끝내고 서로 존중하고 상생하는 제대로 된 정치로 복원하는 이정표가 되기를 진심으로 소망"했다.

***

존경하고 사랑하는 국민 여러분, 먼저 심려를 끼쳐드려서 죄송합니다. 그리고 감사드립니다. 국민 여러분께서 살려주셨습니다. 우리 국민 여러분께서 살려주신 목숨이니 앞으로 남은 생도 오로지 국민들을 위해서만 살겠습니다. 함께 사는 세상, 모두가 행복하고 희망을 꿈꾸는 그런 나라를 꼭 만들어서 보답하겠습니다.

모두가 놀란 이번 사건이 증오의 정치, 대결의 정치를 끝내고 서로 존중하고 상생하는 제대로 된 정치로 복원하는 이정표가 되기를 진심으로 소망합니다. 상대를 죽여 없애야 하는 전쟁 같은 이 정치를 이제는 종식해야 합니다. 서로 존중하고 인정하고 타협하는 제대로 된 정치로 복원되기를 바랍니다.

우리 정치가 어느 날인가부터 절망을 잉태하는 죽임의 정

ⓒ 더불어민주당

치가 되고 말았습니다. 이제 이번 사건을 계기로 우리 모두가 되돌아보고, 저 역시도 다시 한번 성찰하고, 그래서 희망을 만드는 살림의 정치로 되돌아갈 수 있도록 저부터 노력하겠습니다.

그리고 각별하게 우리 부산시민 여러분, 생사가 갈리는 그 위급한 상황에서 적절하고도 신속한 응급조치로 제 목숨을 구해주신 부산의 소방, 경찰, 그리고 부산대병원 의료진 여러분께 각별한 감사의 말씀을 전합니다. 그리고 수술부터 치료까지 최선을 다해주신 서울대병원 의료진 여러분께도 감사 말씀을 전합니다.

다시 한번 말씀드리거니와 이제 증오하고 죽이는 이런 전쟁 같은 정치, 이번 사건을 계기로 사라지면 좋겠습니다. 저도 노력하겠습니다. 존중하고 그리고 공존하는, 그런 정치로 복원되고 희망 있는 나라로 우리가 함께 갈 수 있다면 남은 제 목숨이 없어진들 뭐가 그리 아깝겠습니까. 진심으로 다시 한번 감사 말씀 드립니다. 고맙습니다.

당원주권과 공천혁명

민주당은 당원 중심의 대중적 민주정당을 지향해야 한다. 한마디로 말하자면 '당원주권 정당'이다. 2024년 8월 당대표 선출을 위한 전당대회 과정에서도 누누이 밝혔고, 지금도 이 생각은 확고하다.

2022년 대선 직후 전당대회에서는 지리멸렬을 막고 자신감을 회복하자는 차원에서 '다시 이기는 민주당'을 캐치프레이즈로 내걸었지만, 2024년 4월 총선에서 국민들이 압도적 지지를 보내주셨기 때문에 더 큰 승리와 더 큰 변화·발전을 지향하자는 의미에서 '당원주권', '국민주권'이라는 더 큰 가치를 전면에 내세웠다.

대한민국 국민은 주권자로 존중받고 있는가? 무시당하지 않고 있는가? 안타깝게도 현실은 그렇지 못하다. 주권자인 국민의 뜻과 의지가 그대로 관철되는 정상적인 민주공화국을 만들어야 한다. 그러려면 그 중심적인 역할을 민주당이 맡아야 한다. 나라를 진정한 민주공화국으로 만들기 위해서는 우선 든든한 민주정당이 되어야 한다. 소위 몇몇 지도자들이 나선다고 민주정당이 되는 게 아니다. 당원주권을 바탕으로 정당의 뿌리를 단단하게 만들어야 한다.

　진정한 민주정당이어야만 진정한 민주국가를 만들 수 있다. 민주공화국인 대한민국의 권력은 국민에게서 나오듯이 민주정당의 권력은 당원에게서 나온다. 민주당의 전체 당원 숫자는 480만 명이고, 1년에 한 번 이상 당비를 내는 권리당원은 125만 명이다. 총선이나 대선처럼 전국 단위의 큰 선거가 있을 때는 권리당원이 늘어난다. 이런 정당 사례는 그 어느 나라에서도 유례를 찾아보기 힘들다.

　많은 분들이 민주당에 희망을 걸고 당비까지 내면서 참여하는데, 정작 당원이 되면 무엇을 해야 할지 잘 모르겠다는 말도 들린다. 당원이 민주당의 주인으로서 어떤 생각과 지향을 갖고 행동해야 하는지를 분명하게 할 필요가 있다. 단순히 투표권만 부여하는 차원을 넘어서 권리당원들이 생활정치를 실현

하는 주체가 될 수도 있도록 민주당이 교육·조직 등을 뒷받침
해야 한다. 그런 노력이 진정한 민주국가로 가는 발걸음이다.

당원들이 풀뿌리 민주주의의 근간인 동네의 문제에 참여할
수 있도록 해야 한다. 할 수 있는 일이 많다. 그러기 위해서는
지역위원회를 활성화해야 하고, 당원 교육·연수도 강화·확대
해야 하는데 하드웨어뿐만 아니라 소프트웨어에 대한 업그레
이드가 필요하다. 이런 교육 프로그램이 민주당의 운명을, 민
주공화정인 대한민국의 운명을 좌우한다는 책임감을 갖고 인
재 개발에 힘을 쏟아야 한다.

2024년 4월 총선에서 민주당은 국민의 기대와 눈높이에 맞
춘 혁신공천으로 공천혁명을 이뤄냈다. 세대교체, 인물교체
라는 시대정신을 외면하지 않았다. 변화와 개혁을 바라는 국
민의 기대에 맞추려면 생살을 도려내고 환골탈태하는 고통을
감수해야 한다. 옥동자를 낳으려면 진통은 피할 수 없다. 가지
를 치고, 낡은 껍질을 벗겨내야 국민의 심판대에 부끄럽지 않
게 설 수 있다고 믿는다. 혁신과 재탄생의 진통을 회피한다면,
이재명의 존재도, 민주당의 운명도, 국민의 삶과 대한민국의
미래도 끝장이라는 절박함으로 임했다.

당원과 국민께서 저희의 몸부림에 응답해주셨다. 혁신공천
으로 공천혁명을 함께 만들어주셨다. 당사자들로서는 참으로

정권심판·국민승리 선대위 출정식
2024년 3월 28일 서울 용산역 광장

안타깝고 힘든 일이었겠지만, 중진을 포함한 많은 분들이 2선으로 후퇴했고, 국민과 당원이 적극 참여한 혁신공천으로 사상 최대 폭의 세대교체, 인물교체를 끌어냈다. 조용한 숲은 불타버린 숲뿐이고, 조용한 강은 썩어가는 강뿐이라고 했다. 상처는 변화를 위한 몸부림이었고, 갈등은 혁신 과정의 불가피한 진통이었다.

4월 총선 전에 국민 여러분께 이렇게 약속드렸다. 민주당은 혁신공천을 완수하고, 심판의 날을 향해 필사즉생의 이기는 선거전을 시작할 것이다. 이번 총선은 대한민국이 무너질 것이냐, 전진할 것이냐를 결정하는 '역사적 분수령'이다. 행정 권력만으로도 이처럼 폭주하는 정권이 국회마저 손아귀에 넣는다면, 상상 못 할 폭정이 현실이 될 것이다. 민주주의는 완전히 파괴될 것이고 경제와 민생, 평화의 회복은 요원해질 것이다.

이러한 간절한 마음으로 혁신공천과 공천혁명에 있는 힘을 다했고, 유권자인 국민 여러분께서는 응답해주셨다. 헌정사상 처음으로 제1야당인 민주당에 단독 과반, 민주개혁 세력에 압도적 승리를 안겨주셨다. 돌이켜보면 그때 국민 여러분께서 모아주신 힘으로 무도한 비상계엄과 내란 시도를 막아내고, 민주주의의 보루를 지켜낼 수 있었다. 정치는 국민이 하는 것이라는 사실을 다시 한번 마음속 깊이 새긴다.

숲은 단 하나의 나무로 이뤄지지 않는다

한여름 벌판이 아름다운 까닭은 다양한 꽃들이 함께 어우러져 있기 때문이다. 오래된 성벽이 튼튼한 까닭은 다양한 돌들이 서로 기대어 지탱하기 때문이다. 단음으로는 화음을 만들수 없고, 여러 소리가 모여야 비로소 아름다운 화음의 심포니가 완성된다.

일찍이 영국의 작가 E. M. 포스터는 "우리는 민주주의를 두가지 이유로 환호한다. 하나는 그것이 다양성을 허락하기 때문이고, 다른 하나는 비판을 허용하기 때문이다"라고 했다. 전적으로 동의한다. 다양성과 비판은 현대 정당의, 우리 민주당의 생명과도 같은 원칙이다.

김경수 전 경남도지사는 2024년 8월에 복권되고, 2025년 2월 민주당에 복당했다. 김 전 지사가 복권되었을 당시 일부 언론에서는 '야당을 갈라치기 하려는 게 아니냐'는 식으로 평했다. 나는 페이스북에 '김 전 지사의 복권을 환영한다. 함께 열심히 하자'는 취지의 글을 남겼다.

　'야당 갈라치기'라는 건 상대편의 소망일지는 모르겠지만, 나는 김 전 지사의 복권과 복당이 우리 민주 진영을 강화하는 콘크리트로 작용할 것이라고 본다. 자갈만 모으면 자갈더미고, 모래만 모으면 모래더미다. 그러나 모래와 자갈과 물과 시멘트가 섞이면 콘크리트라는 강력한 시너지가 생긴다.

　사실 나도 걱정되는 측면이 있다. '이재명 단일체제'라고 비판받을 정도로 한쪽으로 몰리는 게 아닌가 하는 걱정이다. 숲은 우거질수록 좋다. 숲에 고목나무 하나만 있으면 위험하다. 번개를 맞으면 어떡하나. 숲이 우거질수록 좋듯이 민주정당도 선의의 경쟁이 많을수록 좋다. 우리 민주 진영이 이기는 것이 중요하다. 대표 인물이 누구냐는 그다음의 문제다.

　물론 내가 되면 더 좋겠지만, 그 욕망 때문에 우리 진영이 이길 가능성을 낮추는 바보짓을 할 정도로 어리석지 않다. 온 국민의 삶, 대한민국의 운명을 앞에 놓고 어떻게 개인의 욕심을 앞세우겠는가. 서로 마음을 내려놓고, 민주 진영 전체가 이기는 길을 찾아야 된다. 그래서 나는 김경수 전 지사의 복권과 복당을 진심으로 바라고 희망해왔다.

나는 늘 위기 속에서 기회를 만들면서 살아왔다. 그런 탓인지 나는 위기를 맞닥뜨리면 거기에 어떤 기회가 숨어 있을까를 고민하고 찾으려고 노력한다. 오히려 기회가 찾아오면 자꾸 걱정이 된다. 저 기회 안에 어떤 위기가 들어 있을까 고민하기 때문이다. 위기 속에서 위험요소를 잘 제거하면 좋은 기회가 된다.

외부에서 우리를 갈라치기 하려는 시도나 공격을 하면, 그것을 기회로 활용해서 우리의 판을 키우면 된다. 가장 드라마틱했던 2002년 대통령 선거 때 당시 정치인 노무현의 진면목을 보여준 장면 가운데 하나가 그랬다. 정몽준과의 단일화 여론조사에서 본인이 불리한 것을 알면서도 군소리 없이 받아들였고, 국민의 선택을 받았다.

결국 정치는 국민이 하는 것이다. 정치인은 국민을 믿고, 국민의 신뢰를 얻기 위해서 부단히 노력해야 한다. 그러한 결과로 저 사람이 국민과 국가를 위해서 더 일을 잘하겠다는 판단이 들게 해야 한다. 정치기술로 알량한 테크닉을 부려서 현혹하려고 하면 안 된다. 김경수 전 지사처럼 경쟁력 있는 분들이 더 많이 모여 민주당이 풍성한 숲을 이루면 좋겠다.

ⓒ 위성환

최고위원회의

2024년 12월 2일 대구

나는 2024년 4월 총선 전부터 조국혁신당이 민주당의 부족하고 잘 못하는 부분을 채워서 우리 민주 진영의 지평을 넓힐 것이라고 기대했다. 그리고 총선에서 실제로 그러한 결과를 낳았다. 민주당과 조국혁신당은 앞으로의 관계에서도 협력할 점은 협력하고 선의의 경쟁을 하면서 전체 민주 진영의 판을 키워나갔으면 하는 바람이다.

2024년 총선에서 민주당을 지지하지 않고 떠났던 분들 가운데 조국혁신당을 지지한 분들도 적지 않았다. 그런 다양한 선택을 통해 차선책을 선택하고, 서로 협력해나간다면 충분히 시너지가 있다고 본다. 22대 총선에서 진짜 고심 끝에 준(準)연동형 비례대표제를 수용했다. 민주당이 한 석이라도 더 얻으려고 욕심을 부렸다면, 다른 선택을 했을 것이다. 그렇게 탄생한 조국혁신당은 민주당의 우당(友黨)으로 진보·개혁 진영의 지평을 넓히는 데 기여하고 있다.

배제의 정치는 오래 못 간다고 생각한다. 대한민국에서 이른바 변화를 바라는 진보·개혁 진영은 구조적으로 소수일 수밖에 없다. 이 사회에서 기득권 그룹과 기득권이 아닌 그룹이 경쟁을 하면, 비(非)기득권 그룹의 힘이 약할 수밖에 없다. 숫자가 많더라도 분할 지배를 당할 수 있다. 그렇기 때문에 힘을 모아야 하고, 안간힘을 써서 일대일 구도로 만들어야 한다.

다양한 목소리가 공존하고 활발한 토론이 이루어질 때 창의성과 역동성이 살아난다. 우리는 그 힘으로 생산적 통합, 발전적 성장의 꿈으로 나아갈 수 있다. 우리 민주당이 다양한 풀, 나무가 자라는 건강한 숲이면 좋겠다.

한 목소리만 나오지 않도록 오히려 다른 목소리를 권장하면 좋겠다. 우리 안의 다른 의견을 배격하면서 내부 다툼이 격화되면 누가 가장 좋아하겠는가. 우리는 대한민국 역사에 기록될 항전을 치르고 있다. 반(反)헌정 세력과 싸워 반드시 승리해야 한다. 저 극단과 이단들로부터 대한민국을 지키고 헌정질서를 회복하는 것보다 시급한 일은 없다.

내부의 차이를 확인하는 것보다 민생을 살리고, 경제를 살리고, 안보를 살리고, 민주주의를 살리는 것이 더 중요하다. 필승을 위한 강철검이 필요한 지금, 다양한 원소가 결합할 때 강력한 합금이 만들어진다는 지혜를 잊지 말아야겠다.

우리는 반드시 승리할 것이다. 그리고 그 끝에 대한민국의 융성이 기다리고 있음을 믿는다. 한 가지 꽃이 아니라 수많은 꽃이 흐드러지게 피는 '백화제방'을 함께 꿈꿨으면 좋겠다. 그날까지 작은 차이로 싸우는 일은 멈추고 총구는 밖으로 향했으면 한다. 나 또한 여러 지적을 겸허히 수용하며 함께 이기는 길을 찾기 위해 노력할 것이다.

4장

회복과 성장,
다시 대한민국

역사적 대전환점에 서다

2025년 대한민국은 역사적 대전환점에 서 있다. 우리는 초과학기술 신문명이 불러올 사회적 위기를 보편적 기본사회로 대비해야 한다. 주거, 금융, 교육, 의료, 공공서비스 같은 모든 영역에서 국민의 기본적 삶을 우리 공동체가 함께 책임짐으로써 미래 불안을 줄이고 지속 성장의 길을 열어가야 한다.

이 과제들을 해결하려면 '회복과 성장'이 전제되어야 한다. 희망을 만들고, 갈등과 대립을 완화하려면, 둥지를 넓히고 파이를 키워야 한다. 회복과 성장은 더 나은 내일을 위한 필요조건이다. 새로운 성장동력을 만들고, 성장의 기회와 결과를 함께 나누는 '공정 성장'이 바로 더 나은 세상의 문을 열 것이다.

새롭고 공정한 성장동력을 통해 양극화와 불평등을 완화해야만 '함께 잘 사는 세상'으로 들어갈 수 있다.

그래서 나는 2025년 국회 교섭단체 대표연설을 준비하면서 심혈을 기울였다. 새로운 산업 부흥 전략을 A(AI 첨단기술 산업)부터 F(Factory 제조업 부활)까지 제시하면서 연설 제목을 '회복과 성장, 다시 대한민국'으로 정했다. 성장해야 나눌 수 있다. 더 성장해야 격차도 더 줄일 수 있다. 나는 이 대표연설에서 나의 당력과 나의 능력을 총동원해 '회복과 성장'을 주도하겠다고 다짐했다.

* * *

대한민국은 지금 유례없는 위기, 역사적 대전환점에 서 있습니다. 식민지에서 해방되어 유일하게 산업화와 민주화에 성공한 나라, 세계 10위의 경제력, 세계 5위의 군사력을 자랑하며 K컬처로 세계문화를 선도하던 문화 강국, 이 자랑스러운 대한민국에서 예측조차 망상으로 치부될 만큼 비상계엄은 상상조차 불가능한 일이었습니다.

그런데 하늘이 놀라고 땅이 진동할 '대통령의 친위 군사쿠데타'가 현실이 되었습니다. 국민과 국회에 의해서 주동 세력은 제압되었지만, 내란 잔당들의 폭동과 저항이 두 달 넘게 계속되며 대한민국의 모든 성취가 일거에 물거품이 될 위기에 처했습니다.

권력욕에 의한 친위 군사쿠데타는 온 국민이 피로 쟁취한 민주주의와 헌법질서를 송두리째 파괴 중입니다. '군의 정치적 중립 보장', '헌정질서 파괴와 기본권 제한 금지'라는 1987년의 역사적 합의를 한 줌 티끌로 만들고 있습니다. 세계가 인정하던 민주주의, 경제·문화·국방 강국의 위상은 무너지고 일순간에 '눈떠 보니 후진국'으로 전락했습니다.

안 그래도 힘겨운 국민의 삶은 벼랑 끝에 내몰렸습니다. 외신의 아픈 지적처럼 "계엄의 경제적 대가를 5200만 국민이 두고두고 할부로 갚게" 되었습니다. 수십조, 수백조 원의 직접 피해는 물론이고, 신뢰 상실, 국격 훼손 같은 계산조차 불가능한 엄청난 피해가 발생했습니다.

무엇보다 큰 상처는, 언제 내전이 벌어져도 이상할 게 없는 '극단주의'가 우리 사회에 광범하게 배태(胚胎)되었다는 사실

국회 교섭단체 대표연설
2025년 2월 10일 국회 본회의장

입니다. 헌법재판소, 법원, 선거관리위원회까지 헌법기관에 대한 근거 없는 불신과 폭력이 난무합니다. 자유민주적 기본 질서라는 헌법 원리를 부정하는 '반헌법, 헌정파괴 세력'이 현실의 전면에 등장했습니다.

존경하고 사랑하는 국민 여러분, 그럼에도 불구하고 저와 수없이 많은 동료들은 확신합니다. 국민의 삶과 국가의 미래를 망치고, 비루한 사익과 권력을 좇던 '헌정파괴 세력'이 여전히 반란과 퇴행을 계속 중이지만, 우리의 강한 민주주의는 이 어둠과 혼란을 걷어내고 더 밝은 미래와 더 활기찬 희망을 만들어낼 것으로 확신합니다.

산이 높을수록 바람은 더 세지만 더 높이 올라야 더 멀리 볼 수 있습니다. 군사정권을 통한 영구집권 시도, 어처구니없는 친위 군사쿠데타가 세계를 경악시켰지만, 이제 그들은 대한민국 민주공화정의 회복력과 대한국민의 저력에 다시 놀라게 될 것입니다. 우리의 민주주의는 서슬 퍼런 권력에 온몸으로 맞선 국민의 의지를 모아 전진해왔습니다. 5000년 한반도 역사에서 위기를 만든 것은 언제나 무책임하고 무능한 기득권들이었지만 그 위기를 이겨내고 새 길을 열어낸 것은 언제나 깨어 있는 국민들이었습니다.

더불어민주당은 민주공화정의 가치를 존중하는 모든 사람들과 함께 '헌정수호연대'를 구성하고, '헌정파괴 세력'에 맞서 끝까지 싸워 이기겠습니다. 국민과 함께 무너진 국격과 신뢰, 경제와 민생, 평화와 민주주의를 회복하겠습니다. 국민들께 희망의 길을 제시하고 새로운 성장동력을 만들며 공정한 성장으로 격차 완화와 지속 성장의 길을 열어가겠습니다.

1980년 불의한 권력이 철수한 찰나의 광주에서 우리 모두가 꾸었던 꿈, 함께 사는 '대동세상'의 꿈은 2016년 촛불혁명을 지나 2024년 '빛의 혁명'으로 이어지고 있습니다. 1894년 우금치 고개를 넘지 못한 동학농민군의 꿈은 2024년 마침내 남태령을 넘었습니다.

지금 이 순간에도 광장을 물들이는 '오색 빛들'의 외침은 우리를 다시 만날 새로운 세계, 더 나은 세상으로 이끌고 있습니다. 세계사에 유례없는 최악의 출생률과 자살률, 희망이 사라지고, 삶을 포기할 만큼 처절한 현실을 이제는 바꿔야 한다고 외치고 있습니다. 모두가 함께 잘 사는 세상, 다시 희망이 펼

떡이는 나라, 모든 국민의 기본적 삶이 보장되는 '기본이 튼튼한 나라'를 가리키고 있습니다.

'회복과 성장'이 지금 절실한 까닭

안타깝게도 우리 경제가 1퍼센트대 저성장에 들어섰습니다. 자칫 역성장까지 우려되는 상황입니다. 기회와 자원의 불평등이 심화되고, 격차와 양극화가 성장을 막는 악순환이 지속되고 있습니다. 저성장으로 기회가 줄어들다 보니, 경쟁 대신 전쟁만 남았습니다. 〈오징어게임〉의 주인공들처럼, 사회적 약자가 된 청년들은 협력과 공존이 아닌 상대를 죽여야 사는 극한경쟁에 내몰리고 있습니다. 경쟁 탈락이 곧 죽음인 사회가 서로 죽이자는 극단주의를 낳았습니다. 국가소멸 위기를 불러온 저출생은 불안한 미래와 절망이 잉태한 것입니다. 공동체의 존망이 걸린 출생과 양육은 이제 부모들이 아닌 우리 공동체 모두의 책임이 되어야 합니다.

AI(인공지능)로 상징되는 첨단기술 시대는 전통적인 노동개념과 복지 시스템을 근본에서 뒤바꿀 것입니다. AI와 신기술로 생산성이 높아지는 대신, 노동의 역할과 몫의 축소는 필연입니다. AI와 첨단기술에 의한 생산성 향상은 '노동시간 단축'으로 이어져야 합니다. 창의와 자율이 핵심인 첨단과학기술 시대에 장시간의 억지 노동은 전혀 어울리지 않습니다. 양으로 승부하는 시대는 갔습니다. 노동시간 연장과 노동 착취로는 치열한 국제경쟁에서 생존조차 할 수 없습니다.

우리는 OECD 국가 중 장시간 노동 5위로 OECD 평균(1752시간)보다 한 달 이상(149시간) 더 일하고 있습니다(2022년 기준). 창의와 자율의 첨단기술 사회로 가려면 노동시간을 줄이고 주 4.5일제를 거쳐 주 4일 근무 국가로 나아가야 합니다. 특별한 필요 때문에 불가피하게 특정 영역의 노동시간을 유연화하더라도 그것이 총노동시간 연장이나 노동 대가 회피 수단이 되면 안 됩니다.

대한민국이 주 52시간 근무제로 정하고 있습니다. 곱하기 연 54주 하면 2800시간입니다. 그런데 OECD 평균 노동시간이 1700시간대 아닙니까. 지금 3000시간 넘겨 일하자는 것 아니잖습니까. 그러면 유연화를 하더라도 총노동시간을 늘리자는 소리를 누가 하겠습니까. 삼성도 그렇게 하지 않겠다고

국회 교섭단체 대표연설
2025년 2월 10일 국회 본회의장

하지 않습니까. 원하는 것은 유연화하자는 것이지, 총노동시간을 늘리는 것이 아니라고 말하고 있습니다. 그리고 노동시간을 늘리지 않고 유연화하되 노동의 강도가 올라가면, 즉 심야 노동을 하거나, 주말 노동을 하거나, 연장 노동을 하면, 그에 따른 상응한 대가는 지불하겠다고 하지 않습니까. 노동 착취로 어떻게 국제경쟁을 하겠습니까.

설마 최첨단기술 가지고 전 세계 글로벌기업들과 경쟁하겠다는 첨단산업 기업들이 노동 착취하고, 노동시간 늘려서 경쟁하겠다는, 그런 말을 하는 것이 아닐 겁니다. 첨단기술 분야에서 '장시간 노동, 노동 착취로 국제경쟁력을 확보하겠다'는 말은 그 자체가 형용모순이라는 말씀을 드립니다. 국민의힘 의원님 여러분 이해하시겠습니까.

누구나 일할 수 있음을 전제로 예외적 탈락자만 구제하는 현재의 복지제도는 인공지능과 로봇이 생산의 주축이 되는 첨단기술 사회에서는 그 한계가 매우 뚜렷할 것입니다. 이제 우리는 초과학기술 신문명이 불러올 사회적 위기를 보편적 기본사회로 대비해야 합니다. 주거, 금융, 교육, 의료, 공공서비스 같은 삶의 모든 영역에서 국민의 기본적 삶을 우리 공동체가 함께 책임짐으로써 미래 불안을 줄이고 지속 성장의 길을 열어가야 합니다.

이 과제들을 해결하려면 '회복과 성장'이 전제되어야 합니다. 희망을 만들고, 갈등과 대립을 완화하려면, 둥지를 넓히고 파이를 키워야 합니다. 회복과 성장은 더 나은 내일을 위한 필요조건입니다. 새로운 성장동력을 만들고, 성장의 기회와 결과를 함께 나누는 '공정 성장'이 바로 더 나은 세상의 문을 열 것입니다. 새롭고 공정한 성장동력을 통해 양극화와 불평등을 완화해야만 '함께 잘 사는 세상'으로 들어갈 수 있습니다.

성장해야 나눌 수 있습니다. 더 성장해야 격차도 더 줄일 수 있습니다. 국민의 기본적 삶을 기본권으로 보장하는 나라, 두둑한 사회안전망이 지켜주는 나라여야 혁신의 용기도 새로운 성장도 가능할 것입니다. 당력을 총동원해 '회복과 성장'을 주도하겠습니다. '기본사회를 위한 회복과 성장 위원회'를 설치하겠습니다.

먹사니즘과 잘사니즘

사랑하는 그리고 존경하는 국민 여러분, 제가 이 자리에서 '먹사니즘'과 모두가 함께 잘 사는 세상 '잘사니즘'의 비전을 제시하는 이유가 있습니다. 우리가 만들어갈 변화는 너무 크고 막중하여 모두의 지혜를 모아야 합니다. 대립과 갈등을 넘어 힘을 모아야 합니다. 국민의힘 의원님들도 함께해야 하지 않겠습니까. 우리 앞의 난제들을 피하지 맙시다. 쟁점과 논란에 정면으로 부딪쳐 소통과 토론을 통해 해결책을 만들고, 그 성과로 삶과 미래를 바꿔나갑시다.

정치가 앞장서 합리적 균형점을 찾아내고 모두가 행복한 삶을 꿈꿀 수 있는 진정한 사회대개혁의 완성, 그것이 바로 '잘사니즘'의 핵심입니다. 새로운 세상, 더 나은 사회를 위해서는 충돌하는 이해를 조정해야 합니다. 실제로 존재하는 갈등을 피하지 말고, 대화하고 조정하며 타협해야 합니다. 공론화를 통해 사회적 대타협을 한번 해봅시다.

성장과 분배는 상호모순이 아닌 상호보완 관계인 것처럼, 기업 발전과 노동권 보호는 양자택일 관계가 아닙니다. 일자리가 유일한 복지이고, 사회안전망은 턱없이 부실한 현실에서 기업은 경쟁력을 위해서 '노동 유연성'을 요구하지만, 노동자들은 '해고는 죽음이다'를 외칩니다. 고용 경직성을 피해서 비정규직만 뽑다 보니, 생산성 향상에도 한계가 있고, 노동시장의 이중구조는 점점 더 악화되는 악순환입니다. 많은 시간과 노력이 필요하겠지만, 대화와 신뢰 축적을 통해서 기업의 부담을 늘리고, 국가의 사회안전망을 확충하고, 노동 유연성을 확대해서 안정적 고용을 확대하는 선순환의 '사회적 대타협'을 반드시 이뤄내야 합니다.

AI 시대를 대비한 노동시간 단축, 저출생과 고령화, 생산가능인구 감소에 대비하려면 '정년 연장'도 본격적으로 논의해야 합니다. 연금개혁처럼 당장 할 수 있는 것들도 있습니다. 만시지탄이지만 국민의힘 측에서 모수개혁(보험료율·소득대체율 개편)을 먼저 하겠다는 뜻을 밝혀주신 것으로 압니다. 더 이상 불가능한 조건 붙이지 말고, 시급한 모수개혁부터 매듭지으면 좋겠습니다. 보험료율 13퍼센트는 이견이 없는 것으로 압니다. 그리고 국민의힘이 제시하신 소득대체율 44퍼센트는 우리 민주당의 최종안 45퍼센트와 1퍼센트 간극에 불과합니다. 당장 합의 가능한 부분부터 개혁의 물꼬를 틔워봅시다.

경제를 살리는 데 이념이 무슨 소용입니까. 민생 살리는 데 색깔이 무슨 의미입니까. 진보정책이든 보수정책이든 유용한 처방이라면 총동원합시다. 함께 잘 사는 세상을 위해서 유용하다면 어떤 정책도 수용하겠습니다. 먹고사는 문제를 해결하는 '먹사니즘'을 포함하여 모두가 함께 잘 사는 '잘사니즘'을 새로운 비전으로 제시하고 싶습니다.

직접민주주의의 강화, 국회의원 국민소환제

존경하는 국민 여러분 그리고 국민의힘 국회의원 여러분, '스스로 변하지 못하는 민주당이 대한민국을 변화시킬 수 있느냐'라는 국민들의 질문에 우리도 성찰을 거듭하겠습니다.

우리 더불어민주당이 겹겹이 쌓인 국민의 실망과 분노를 희망과 열정으로 온전히 바꿔내지 못했습니다. 살을 에는 추위를 견디며 무능하고 부패한 권력자들을 몰아냈지만 권력의 색깔만 바뀌었을 뿐 '내 삶이나 사회는 변하지 않았다'는 질책을 겸허하게 받아들입니다. 맨몸으로 장갑차를 가로막고 총과 폭탄을 든 계엄군과 맞서 싸우며 다음은 과연 더 나은 세상일 것이냐는 질문에 더 진지하게 응답하겠습니다.

국민의 주권의지가 일상적으로 국정에 반영되도록 직접민주주의를 강화하겠습니다. 색색의 응원봉이 경쾌한 '떼창'과 함께 헌정파괴와 역사 퇴행을 막아내는 그 현장에서 주권자들은 이미 우리가 만들 '더 나은 세상'을 보여주셨습니다.

정치란 정치인들이 하는 것 같아도 사실은 다 국민이 하는 것입니다. 민주당이 주권자의 충직한 도구로 거듭나서 꺼지지 않는 '빛의 혁명'을 완수해가겠습니다. 국민이 나라의 주인으로 책임지고 행동한 그 소중한 경험을 토대로, 국민이 행복한 나라를 만드는 우리 공복들의 사명을 새기면서 '민주적 공화국'의 문을 활짝 열어가겠습니다. 그 첫 조치로 '국회의원 국민소환제'를 도입하도록 해보겠습니다.

회복과 성장을 위해 가장 시급한 일은 민생경제를 살릴 응급처방, 바로 추경입니다. 한국은행이 성장률을 두 달 만에 또 하향 조정했습니다. 계엄 충격으로 실질 GDP 6조 원 이상이 증발했다고 합니다. 그리고 한 달 만에 외국인 투자자금 5조 7000억 원이 빠져나갔습니다. 정부는 재정 확대를 통한 경기회복의 골든타임을 놓치지 말아야 합니다. 민생과 경제회복을 위해 최소 30조 원 규모의 추경을 제안드립니다.

상생소비쿠폰, 소상공인 손해 보상, 지역화폐 지원이 필요합니다. 감염병 대응, 중증외상 전문의 양성 등 국민안전 예산도 꼭 필요합니다. 공공주택과 지방 SOC(사회간접자본), 고교무상교육 국비 지원, 그리고 인공지능, 반도체 등 미래 산업을 위한 추가 투자도 꼭 필요합니다. 이미 말씀드린 것처럼, 추경 편성에 꼭 필요하다면 특정 항목을 굳이 고집하지 않겠습니다.

새로운 산업 부흥 전략 A~F

A: AI 중심 첨단기술 산업 육성

박정희 시대 경부고속도로 건설은 산업화의 초석이었습니다. 김대중 시대의 초고속 인터넷망은 ICT(정보통신기술)산업 발전의 토대였습니다. 비록 우리가 잠시 뒤처졌지만, AI산업에는 후발주자도 기회가 있다는 것을 딥시크(DeepSeek, 중국의 AI 서비스)가 확실하게 보여줬습니다.

인공지능혁명을 위한 정부의 강력한 드라이브가 반드시 필요합니다. 우선 국가 AI데이터센터를 만들어야 합니다. 10만 장 이상의 AI 반도체 GPU를 가진, AI데이터센터로 AI산업을 지원합시다. 연구자, 개발자, 창업기업 누구나 쉽게 활용할 수 있는 인공지능 인프라를 구축하면 인공지능을 활용한 다양한 산업들이 발전할 것입니다. 수준 높고 다양한 교육프로그램을 갖춘 AI 부트캠프(전문인력 집중양성기관)를 만들고, AI 기술인력을 10만 명까지 양성해서 인공지능산업을 전략 산업으로 키워야 합니다. 과학기술이 국가의 미래입니다. 미래를 주도할 과학기술에 대한 관심과 지원이 대폭 강화되어야 합니다.

B: Bio 바이오산업 생태계 조성

현재 10위 국내 기업 중 2개가 바이오 기업입니다. 앞으로 5대 바이오 글로벌 경쟁력을 보유하기 위한 국가투자가 필요합니다. 인천과 충청권 등 권역별 특화발전 전략으로 R&D 및 금융 지원, 바이오특화 펀드 등 투자생태계 구축, 관련 의학자 등 전문인력 양성을 통해 바이오산업 생태계를 만들어갑시다.

C: Contents & Culture 문화 콘텐츠의 힘

"오직 한없이 가지고 싶은 것은 높은 문화의 힘."

수출기업의

© 위성환

'경제는 민주당' 종합토론회
2025년 2월 5일 국회 본청 당대표회의실

백범 김구 선생이 가지신 꿈이었습니다. 그 꿈 문화 강국은 더 이상 꿈이 아닌 현실이 되고 있습니다. 영화, 드라마, 게임, 웹툰, K팝, K푸드까지 한국문화가 세계를 사로잡고 있습니다. K콘텐츠 수출이 2차전지, 전기차도 넘어선 시대입니다.

문화가 곧 경제이고, 문화가 미래 먹거리입니다. K팝 열풍은 K뷰티 열풍으로 이어지고 있고, 한국어 학습 수요가 증가하면서 한국어 학습 시장의 성장으로 이어지고 있습니다. 얼마 전 방영된 〈흑백요리사〉의 인기에 힘입은 'K미식여행'이 관광업의 새 활로가 되고 있습니다. K컬처관광 5000만 시대, '버킷리스트 한국관광'을 통해 국제적 한국문화 열풍을 매출 증대와 좋은 일자리로 연결시켜야 합니다.

문화는 융합이 쉽습니다. 브랜드, 디자인 등의 경쟁력 강화를 적극 지원해야 할 이유입니다. 문화예술 예산의 대폭 확대, 적극적인 문화예술 지원으로, K콘텐츠가 세계 속에 더 넓고 더 깊게 스며들도록 해나갑시다.

D: Defense 방위산업 육성

세계에서 가장 높은 군사 밀도, 군사 강국들에 둘러싸인 한반도의 지정학적 특성이 오늘날 괄목할 만한 대한민국 방위산업 발전의 토대가 되었습니다. 방위산업을 미래 먹거리로 적극 육성합시다. 다변하는 미래 전장과 기술 환경에 맞춰서 드론과 로봇, 장비 등의 연구개발에 지속적으로 투자하고, 방위산업 협력 국가를 지속적으로 발굴해야 합니다. 지정학적 위기를 기회로 만들어갈 수 있지 않겠습니까.

E: Energy 에너지 자립과 안보

2023년 기준으로 우리의 에너지 믹스 현황은 원자력 29퍼센트, 재생에너지 9퍼센트, 천연가스 28퍼센트, 석탄 33퍼센트입니다. 에너지 공급은 안정성, 친환경성, 경제성이 핵심입니다. 우리나라는 에너지원 대부분을 수입하고, 전력망이 고립된 사실상의 섬입니다. 그래서 에너지 자립과 에너지 안보가 무엇보다 중요합니다.

석탄 비중은 최소화하고 LNG 비중도 줄여가되, 재생에너지를 신속하게 늘려가야 합니다. 어디서나 재생에너지를 생산할 수 있도록, 에너지 고속도로를 건설해야 합니다. 전력 생산지의 전력요금을 낮춰서 바람과 태양이 풍부한 신안, 영광 등 서남해안 소멸위기 지역들을 에너지산업 중심으로 발전시켜야 합니다.

F: Factory 제조업 부활 지원

수출과 내수의 고리가 끊긴 지 오래입니다. 기업의 매출 증가가 국내 재투자, 고용, 임금인상에 연결되지 않습니다. 기업들이 해외투자에만 집중하면, 우리 대한민국은 산업공동화에 직면할 것입니다. 강력한 국내산업 진흥책이 적극적으로 필요한 때입니다. 국내 공급망을 중심으로 하는 '한국형 마더팩토리' 전략이 그래서 필요합니다. 마더팩토리를 거점으로, 소재-부품-장비의 국산화를 지원하고, 산학협력 등 혁신생태계를 조성해나갑시다. 특정 대기업에 대한 단순한 지원을 넘어서서, 산업생태계를 조성함으로써 성장의 기회도, 성장의 결과도 함께 나눕시다.

최근에 한국의 주력 산업인 철강과 석유화학이 위기를 맞고 있습니다. 국산제품의 가격 경쟁력 약화에 더해서 미국 수출길이 막힌 중국의 밀어내기가 겹쳤습니다. 이 산업들은 지역경제의 주축입니다. 관련 기업들이 폐업하면 지역경제가 쑥대밭이 됩니다. 포항, 울산, 광양, 여수, 서산, 당진이 바로 그곳입니다. 긴급 지원이 필요합니다.

더불어민주당 정책소통 플랫폼 '모두의 질문Q' 출범식
2025년 2월 7일 국회의원회관

ⓒ 위성환

산업의 재구조화, 고부가가치 제품 개발을 위한 실증사업 지원이 필요합니다. 직업전환 훈련 등 노동자 대책과 지역상권 활성화 등 구조적인 해법을 여야가 함께 논의합시다. 그래서 우선 이 지역들에 '산업위기대응 특별지역' 선포를 제안하는 바입니다.

우리 국민들이 모두 아시는 방탄소년단의 성공 비결 중 하나는 국내 무대에 갇히지 않은 것이라고 합니다. 그들은 처음부터 세계로 향했습니다. 대륙과 해양이 겹치는 우리 한반도의 지정학적 위치도 같습니다. 그래서 상상력을 한번 발휘해 봅시다. 해양과 육지의 끝이 아닌 시작점이고, 해륙의 충돌지가 아니라, 해륙 융합의 중심이 되어야 합니다. 지구온난화로 북극항로의 항해 가능 기간이 늘고, 물동량도 증가 중입니다. 동남권 발전의 발판이 될 북극항로에 긴 안목으로 관심을 가지고 준비할 때입니다.

남북을 관통하는 대륙철도 연결, 그 출발지의 꿈을 잊지 맙시다. 북미회담이 진척되면, 남북 간 강대강 대치도 대화와 협력으로 전환될 수 있습니다. 그래서 정치는 생물이고 영원한 적도 우방도 없다고 하는 것입니다. 시간이 걸리겠지만, 세계에서 부울경으로 모인 화물들이 대륙철도와 북극항로를 통해서 유럽으로 전 세계로 퍼져나갈 미래 비전을 가지고 준비해야 합니다. 사천-창원-부산-울산-포항으로 이어지는 동남권을 해운·철도·항공의 트라이포트와 그 배후단지로 성장시켜야 합니다.

더 튼튼한 국방을 위해

나라 안으로는 민주주의가 시험대에 올라 있고, 밖으로는 총성 없는 전쟁이 시작되었습니다. 트럼프 2기 출범과 함께 국제질서가 빠르게 재편 중입니다. 미국은 중국에 10퍼센트, 멕시코와 캐나다에 25퍼센트 관세를 예고하며 무역전쟁의 서막을 열었습니다. 자국 우선주의가 지배하는 각자도생 시대 개막으로 수출의존도가 높은 우리는 더 어렵게 되었습니다. 시계 제로 상황이지만 손 놓고 있을 수는 없지 않습니까. 정치가 앞장서서 통상위기에 대응해야 합니다. 그래서 국회 차원의 '통상대책 특별위원회' 구성을 다시 제안하는 바입니다. 적극적인 검토를 요청드립니다.

한미동맹은 우리 외교·안보의 근간이며, 첨단기술 협력과 경제발전을 위한 주요 자산입니다. 민주주의를 공동가치로 하는 한미동맹은 친위 군사쿠데타라는 국가적 혼란 앞에서 민주주의 회복을 위한 우리 국민의 노력에 변함없는 신뢰와 연대를 보내주었습니다. 자유민주 진영의 도움으로 국가체제를 유지하고 성장·발전해온 우리는 앞으로도 자유민주 진영의 일원으로서 그 역할과 책임을 다할 것입니다.

강경 일변도 대북정책에 따른 남북관계 파탄과 북러 밀착으로 한반도는 군사적 긴장이 고조되고, 사라진 대화 속에 평화는 요원해졌습니다. 그 어느 때보다 군사 대비태세를 확고히 하고, 북핵 대응능력을 제고하는 한편으로, 소통창구는 열고 대화 노력을 병행해야 할 것입니다. 트럼프 대통령이 북미회담 의지를 밝히는 상황에서 우리 정부는 북측에 대화 복귀를 촉구하고, 북미 대화에서 소외되지 않게 해야 될 것입니다.

불법 계엄에 관여한 것 때문에 우리 국군의 사기가 말이 아닙니다. 어이없는 군사쿠데타에 일부 고위 장성의 참여는 사실이었고, 이에 대한 책임 추궁은 불가피합니다. 그러나 우리는 여전히 국군 장병을 믿고 사랑합니다. 국민과 국회가 계엄을 신속하게 막은 것도 대통령의 불법 명령에 사실상 항명하며 국가와 국민에 충성한 계엄군 장병들 덕분 아니겠습니까. 국군은 대통령이 아닌 국민과 국가에 충성해야 합니다. 다시는 군이 정치에 동원되면 안 됩니다. 불법 계엄 명령 거부권 명시, 불법 계엄 거부자와 저지 공로자에 대한 포상 등 시스템 마련에 나서겠습니다.

마침내 대(大)한국민을 증명하자

사랑하는 국민 여러분, 반만년 역사가 우리를 지켜봅니다. 위대한 선조들께서 우리를 내려다보십니다. 우리 앞의 역경은 전례 없이 험준하지만, 그동안 이겨낸 수많은 위기들에 비하면 결코 극복하지 못할 일이 아닙니다.

우리 국민은 환란 때마다 하나로 뭉쳐 위기를 기회로 만들어왔습니다. 일제의 폭압에 3·1운동으로 맞서며 대한민국 임시정부를 수립했고, 분단의 아픔과 전쟁의 포화 위에서 산업화를 이뤄냈습니다. 무자비한 독재에 맞서 민주주의를 쟁취했고, 아름다운 촛불혁명으로 국민 권력을 되찾았습니다. IMF

ⓒ 위성환

회복과 성장으로, 다시 大한민국! 기자회견
2025년 1월 23일 국회 본청 당대표회의실

위기에도 굴복하지 않았고, 오히려 그 위기를 경제개혁 기회로 삼아 복지국가와 IT강국의 초석을 다졌습니다. 이 모든 성취는 '더 나은 나라를 물려주겠다'는 우리 국민들의 통합된 의지의 산물입니다. 우리 국민은 내란조차 기회로 만들 만큼 용감하고 지혜롭습니다.

더불어민주당은 더 낮은 자세로 정치의 사명인 '국민통합'의 책무를 다하겠습니다. 공존과 소통의 가치를 복원하고, 대화와 타협의 문화를 되살리겠습니다. 국가와 국민만을 위한 탈이념·탈진영 실용정치만이 국민통합과 미래로 나아가는 길이자 회복과 정상화, 성장과 재도약의 동력이라 믿습니다.

굴곡진 우리 역사가 그랬듯이 더디고 다 끝난 것처럼 보여도, 무력감에 잠시 흔들려도, 역사는 전진해왔고, 또 쉼 없이 전진해갈 것입니다. 지금 우리에게 필요한 것은 역사와 국민에 대한 확고한 믿음으로, 두려움 없이 나아가는 것입니다.

1945년 광복 직후, 가난과 빈곤에 힘겨웠던 선대들에게 '대한민국이 세계 10위 경제 강국이 될 것'이라 말했다면 어땠겠습니까? 군부독재 폭력으로 희생된 선열들에게 '우리 대한민국이 세계가 인정하는 모범적 민주국가가 될 것'이라고 말했다면 어땠겠습니까? 죽은 자가 산 자를 구하고 군사쿠데타의 아픈 기억이 오늘의 대한민국을 살린 것처럼, 2025년의 우리 국민들이 우리의 미래를 구할 것입니다.

오늘의 대한민국 국민은 '국민이 나라의 주인임을 선포하고 내란마저 극복한 대(大)한국민'임을 마침내 증명할 것입니다. '모두의 질문Q'를 시발로 연대와 상생, 배려의 '광장'에서 펼쳐질 '국민 중심 직접민주주의'는 '제2의 민주화'로 자리 잡을 것입니다. 지금부터 시작될 '회복과 성장'은 사라진 꿈과 희망을 복원하는 '제2의 산업화'가 될 것입니다.

우리 민주당이 앞장서겠습니다. 꺼지지 않는 오색의 빛으로 국민이 가리킨 곳을 향해 정진하겠습니다. 좌절과 절망을 딛고 대한국민과 함께 다시 일어나 다시 뛰는 대한민국을 꼭 만들겠습니다. 서로를 인정하고, 긍정적으로 사고하고, 미래를 향해 함께 나아갑시다.

국회 교섭단체 대표연설
2025년 2월 10일 국회 본회의장

기후위기를 산업전환의 기회로

기후위기를 방치하면, 지구상에서 다섯 번째로 멸종한 공룡에 이어 인류가 여섯 번째 멸종의 주인공이 될 수 있다. 지구가 갈수록 뜨거워지고 있다. 과학계에서는 '끓고 있다'는 표현까지 나온다. '위기의 지구 온도' 마지노선인 섭씨 1.5도까지 위협받고 있다. 탄소중립과 재생에너지로의 전환은 전 지구적 과제이자 새로운 에너지산업이 나아가야 할 방향이다.

한반도의 지정학적 위기를 산업화의 기회로 만들었듯이, 우리는 기후위기를 대대적 산업전환과 선도국가로 도약하는 계기로 삼아야 한다. 재생에너지와 원전은 대립이 아닌 보완관계다. '탈(脫)석탄·감(減)원전·재생에너지 확대'가 에너지정책의 미래다. 누구에게나 재생에너지 생산·판매의 길을 열어 그 분야의 산업과 일자리를 창출해야 한다.

* * *

기후위기는 인류가 해결해야 할 가장 큰 숙제입니다. 이대로 가면 다섯 번째 멸종한 공룡에 이어 인류가 여섯 번째 멸종의 주인공이 될 수 있습니다. 이미 지구 온도는 산업혁명 이전 대비 섭씨 1.1도 올랐고 마지노선인 섭씨 1.5도를 위협 중입니다. 전 세계는 화석에너지를 줄이고 재생에너지를 늘리며 관련 산업을 집중육성 중입니다. 풍력과 태양광, 전기차와 배터리, 친환경 조선과 항공기, 초절전 반도체, 그린수소, 에너지 절감형 건축소재 같은 그린뉴딜 산업이 대표적입니다.

EU는 극심한 에너지난을 겪으면서도 2030년까지 재생에너지 비중을 45퍼센트로 늘리고, 탄소국경조정제도를 본격화하고 있습니다. 미국도 전기차, 배터리, 태양광, 반도체 같은 그린뉴딜 산업을 자국 내에 집중육성 중입니다.

그런데 윤석열 정부는 원전 비중을 32.8퍼센트로 대폭 높이고 2030년 재생에너지 목표를 30퍼센트에서 21.5퍼센트로 낮추는 등 세계적 흐름에 역행하고 있습니다. 세계적 무한 경쟁 속에 우리만 거꾸로 가면 살아남을 수 없습니다. 방향을 바꾸고 속도를 올려야 합니다.

애플, 구글 등 대다수 글로벌 기업들은 RE100을 채택했고, 최근 삼성전자도 가입했습니다. 국내 재생에너지 생산을 빠르게 늘리지 않으면, 기후위기 대응 실패는 물론 제조업의 해외 유출과 경쟁력 악화를 피할 수 없습니다.

냉전 속 지정학적 위기를 산업화의 기회로 만든 것처럼, 기후위기를 대대적 산업전환과 선도국가로 도약하는 기회로 만들어야 합니다. 반 발짝 늦게 가면 도태 위험에 허덕이겠지만 반 발짝 일찍 가면 무한한 기회를 누리는 선도자가 됩니다. 추격자를 선도자로 만드는 것이 바로 국가의 역할이고 정치의 능력입니다.

이미 우리는 기후 관련 제조업 분야에서 최고의 경쟁력을 가지고 있습니다. 기업들은 세계적 변화를 체감하고 있고, 국민들도 위기를 넘어 새 미래를 대비할 준비가 되어 있습니다.

오직 윤석열 정부만이 과거로 돌아가고 있습니다.

'국회 기후위기 탄소중립 특별위원회' 설치를 제안합니다. 재생에너지와 원전이 대립이 아닌 보완관계임을 인정하면서 재생에너지를 확대하고 화석연료 사용을 감축하는 방안을 모색해야 합니다. '탈석탄·감원전·재생에너지 확대'가 에너지정책의 미래입니다.

제주도와 서남해안은 재생에너지를 만드는 원료인 햇빛과 바람이 넘칩니다. 울산 앞바다 등 동해안 역시 부유식 풍력의 최적지입니다. '풍력발전 원스톱 숍(One-Stop Shop, 인허가 통합기구) 법'(풍력발전 보급촉진 특별법안)과 '분산에너지 활성화 특별법'을 제정하고, 에너지 고속도로를 건설해서 전국 어디서든 누구에게나 재생에너지 생산·판매의 길을 열어 재생에너지 산업과 일자리를 만들어야 합니다.

태양광, 풍력, 바이오매스, 바이오가스 같은 지역 특성에 맞는 재생에너지 발굴로 주민들이 에너지 기본소득을 받게 되면 신안군이나 청산면처럼 인구 유출에 따른 지방소멸도 완화할 수 있습니다.

기후위기 대응은 디지털 대전환을 동반합니다. D.N.A 즉 Data·Network·AI를 주축으로 도시와 기업을 스마트화하고, 자원과 에너지 효율을 극대화하며 생활문화를 업그레이드시킬 수 있습니다.

인류는 그동안 채굴, 생산, 사용, 매립의 일방향으로 자원을 무한 소비해왔습니다. 이제는 자원순환으로 지구 악영향을 최소화하면서 인류와 자연이 공존하는 새로운 모델을 구축해야 합니다.

자원순환 사회에서는 이용물질 총량이 줄어듭니다. 이 공간에 문화와 예술의 창의성을 더 많이 담을 수 있습니다. 최근 〈오징어게임〉이 미국 에미상 6관왕에 올랐습니다. 문화예술인 기본소득 등 적극적인 문화예술 지원으로 K문화 콘텐츠가 더 넓고 더 깊게 스며들게 해야 합니다.

국회 교섭단체 대표연설
2022년 9월 28일 국회 본회의장

'두툼한 매트리스' 왜 기본사회인가

　대전환의 위기이지만, 한편으로 기회이기도 하다. 지금까지의 사회제도는 모두가 일할 수 있고, 일한 만큼 생산과 소득이 보장되는 것을 전제로 했다. 그러나 기술이 생산의 주력이 되는 4차 산업혁명 시대에는 모두가 일할 기회를 갖기 어렵다. 이에 산업화 30년, 민주화 30년을 넘어 기본사회 30년을 준비할 때다.

　시대와 일자리가 변해도 소득, 주거, 금융, 의료, 복지 등 모든 영역에서 국민의 기본적 삶이 보장되도록 하는 것이 국가의 책무다. 생존을 위한 '최소한의 삶'이 아니라 '기본적인 삶'이 보장되는 사회적 대전환을 이뤄내야 한다. 더 나은 삶과 더 나은 미래 앞에는 여도 야도, 진보도 보수도 없다. 불안과 절망을 최소화할 수 있는 기본사회로 함께 나아가야 한다.

* * *

헌법은 "대한민국은 민주공화국이다", "대한민국의 주권은 국민에게 있고 모든 권력은 국민으로부터 나온다"라고 천명합니다. 정치인은 주권자의 대리인입니다. 국민이 맡긴 권력은 오직 국민만을 위해 사용되어야 합니다. 서러운 국민의 눈물을 닦고, 절망하는 국민께 꿈과 희망을 드려야 합니다. 강자의 횡포를 억제하고 약자와 동행하며 모두가 함께 행복한 세상을 만들어야 합니다.

국민은 묻고 계십니다. 우리 정치는 그 책임을 다하고 있는가? 각자도생을 넘어 기본적 삶이 보장되는 기본사회로 나아가야 합니다.

국민 여러분, 선입관을 버리고 상상을 한번 해보십시오. 가난을 증명한 사람을 골라 지원하지 않고, 모두를 지원한 후 불필요한 몫은 회수하면 어떻겠습니까? 재정부담은 같지만, 국민의 삶에 엄청난 차이가 생깁니다. 탈락이 두려운 노동회피가 없어질 것이고, 생활수준을 증명할 필요가 없어 낙인효과도 없습니다. 문화예술처럼 소득은 적지만 만족도 높은 일자리가 많이 생길 것입니다. 지원 사각지대에서 극단적 선택을 해야 했던 수원 세 모녀나, 배가 고파 달걀 한 판을 훔치고 감옥에 가야 했던 이들에겐 죽고 사는 문제를 해결하는 것이기도 합니다.

그래서 우리의 미래는 최소한의 삶을 지원받는 사회가 아니라, 기본적 삶을 보장받는 '기본사회'여야 한다고 믿습니다. 경제선진국에 진입한 경제력과 더 높아질 과학기술력을 감안하면 우리나라는 국민의 기본적 삶을 책임질 역량이 됩니다. 선진국에 비해 많이 부족한 복지를 확대하는 과정에서 얼마든지 더 효율적인 제도를 설계·실험·정착시킬 수 있습니다.

해방 후에 이뤄진 혁명적 농지개혁이 새로운 사회발전의 토대가 되었습니다. 산업화로 고도성장을 이뤄냈고, 세계에 자랑할 민주국가로 우뚝 섰습니다. 그러나 다시, 불평등과 양극화, 이로 인한 효율성 저하로 성장은 지체되고, 갈등과 분열의 각자도생 사회가 되어가고 있습니다. 이제 산업화 30년, 민주화 30년을 넘어 기본사회 30년을 준비할 때입니다.

소득, 주거, 금융, 의료, 복지, 에너지, 통신 등 모든 영역에서 국민의 기본적 삶이 보장되도록 사회 시스템을 바꿔가야 합니다. 출생부터 사망까지 기본적 삶이 보장되고 미래와 노후의 불안이 사라져야 실력과 노력으로 성공하는 사회, 재난이 닥쳐도 걱정 없는 사회가 가능해집니다. 자녀가 내 삶의 짐이 되지 않고, 나보다는 더 나은 삶을 살 것이라 믿어져야 아이도 낳고 행복한 미래도 꿈꾸지 않겠습니까?

불가능한 일처럼 보일 수 있습니다. 그러나 반드시 해야 하고, 또 얼마든지 할 수 있는 일입니다. 우리 앞의 대전환의 위기가 바로 불가능을 가능하게 만들 기회입니다.

지금까지의 사회제도는 모두가 일할 수 있고, 일한 만큼 생산과 소득이 보장되는 것을 전제했습니다. '일하지 않는 자 먹지도 말라'는 건 틀린 말이 아니었고, 실업급여 등 복지제도 역시 노동소득을 대전제로 이를 보완하는 데 중점을 두었습니다. 그러나 이미 시작된 4차 산업혁명 시대에는 원하는 사람 모두가 일할 기회를 충분히 가지기 어렵다는 예측이 많습니다. 노동이 생산의 주력인 시대에 합당했던 사회제도는 기술이 생산의 주력이 되는 시대에서는 제대로 작동하기 어렵습니다.

이제 생존을 위한 '최소한의 삶'이 아니라 '기본적인 삶'이 보장되는 사회로 대전환을 고민해야 합니다. 기본사회 정책이 대한민국에 새로운 활력을 불어넣을 것입니다. 부담자와 수혜자가 분리되지 않고 모두가 수혜자인 기본사회 정책은 '부담집단'과 '수혜집단'의 갈등을 최소화합니다.

이제 우리는 기본사회로 나아가야 합니다. 기본사회의 핵심 비전은 국가가 국민의 미래를 책임지고, 희망과 혁신의 꽃을 피워내는 것입니다. 선진 복지국가에서 위험한 혁신에 도전이 많은 이유는 평균대 밑에 두툼한 매트리스가 있기 때문입니다. 바닥이 콘크리트라면 평균대 위 도전은 망설여질 것입니다.

국민의힘도 머리를 맞대주십시오. 국민의힘 정강정책 제1조 1항에도 기본소득을 명시했습니다. 박근혜 전 대통령의 미완의 약속, 모든 노인에게 월 20만 원 '기초연금'을 지급하는 것, 그게 바로 노인기본소득이었습니다.

지방소멸 위기 속에서도 햇빛연금을 지급하는 전남 신안군은 유일하게 인구가 늘고 있습니다. 월 15만 원의 농촌기본소득을 지급하는 경기도 연천군 청산면도 8개월 만에 인구가 약 9퍼센트 증가했습니다. 시행 중인 아동수당은 물론, 윤석열 정부가 추진하는 월 100만 원의 부모급여도 아동기본소득입니다.

더 나은 삶과 더 나은 미래 앞에는 여도 야도 진보도 보수도 없습니다. 불안과 절망이 최소화되는 기본사회를 향해 함께 준비하고 함께 나아갑시다.

국회 교섭단체 대표연설
2022년 9월 28일 국회 본회의장

골목상권을 살리려면

다수의 국민이 잘사는 나라가 좋은 나라다. 나라가 부자여도 극소수만 부자이고, 대다수가 가난하면 불행하다. 돈이 많아도 흐름이 멈추면 경제는 죽는다. 사람 몸도 마찬가지다. 피가 멈추지 않고 돌아야 산다. 그러나 피가 많다고 좋은 건 아니다. 심장에만 피가 몰리면 죽는다. 경제도 마찬가지다. 실핏줄인 지역경제, 골목상권이 살아야 활력 있는 나라가 된다.

나라 곳간에 돈이 1000억 원이 있어도 은행이나 부자들이 움켜쥐고 있어 꼼짝하지 않으면 경제에 보탬이 안 된다. 10분의 1인 100억 원밖에 없더라도, 골목상권까지 쭉 퍼져서 10바퀴를 돈다고 하면 1000억 원, 100바퀴를 돌면 1조 원의 효과가 생기는 것이다. 그렇게 돈이 돌게 하는 것이 정부의 바람직한 경제정책이다. 지역화폐 활성화나 이를 기초로 한 민생지원금 등을 잘 활용할 필요가 있다.

* * *

다수의 국민이 잘사는 나라가 좋은 나라입니다. 나라가 아무리 부자라도 극소수만 부자이고 나머지가 다 힘들면 불행하지 않습니까? 총량이 조금 부족한 듯해도 모두가 함께 잘사는 희망 있는 나라, 그런 나라가 우리 모두가 꿈꾸는 세상 아닌가 생각이 듭니다.

나라 전체로 경제가 너무 어렵습니다. 이게 어쩔 수 없는 천재지변 같은 것이라면 우리가 감수해야 하겠지만, 그러나 충분히 극복할 수 있는 위기들이고, 어쩌면 당하지 않아도 될 그런 나쁜 상황을 당하고 있는 것이 우리의 현실이기 때문에 참으로 안타깝습니다.

제가 골목상권이나 전통시장을 방문할 때마다 느끼는 것이 있습니다. 정말 파는 분들은 1000원짜리 푸성귀 하나 팔기 위해서 새벽부터 하루 종일 손 비비면서 열심히 일하지 않습니까. 그런데 오는 손님들 역시 이 1000원짜리 하나 부담이 되어서 살까 말까 망설이는 상황입니다.

안타까워 이런 생각을 해봅니다. 제가 경기도지사 때 했던 것처럼 지역화폐라도 충분히 발행해서 온라인 쇼핑몰이나 거대 국제 플랫폼에 이익을 주는 것보다 우리 동네에서 쇼핑도 좀 하고, 골목경제가 활성화되면 동네에 온기도 돌고 참으로 행복하지 않을까.

지역의 골목은 특별한 의미를 가지고 있습니다. 여기는 그냥 물건을 사고파는 냉정한 거래 현장이 아니라 동네 사람들이 만나서 정을 나누는 공동체 활성화 공간입니다. 마음을 나누는 곳이지요. 그래서 저는 지역화폐를 통해서 돈이 지역에서 한 번은 돌고 다른 곳으로 가게 하자, 그런 생각을 가지고 지역화폐 정책을 계속 추진해왔는데 윤석열 정부는 지역화폐 예산을 계속 줄이고 있습니다. 2024년도 예산 편성에서는 0원입니다. 왜 그러는지 이해가 안 됩니다.

그러면서도 온누리상품권 예산을 자꾸 올려요. 이 온누리상품권은 지역 제한도 없고 사용처도 동네 골목으로 제한되지 않기 때문에 동네 골목을 따뜻하게 하는 데 크게 도움이 안 됩니다. 돈이 돌아야 경제가 살지요. 돈은 '돈다'고 해서 돈이라고 하지 않습니까? 돈의 흐름이 멈추면 경제가 죽는 것입니다. 마치 사람 몸의 피처럼, 피가 돌아야 하거든요.

그런데 피가 많다고 좋은 건 아닙니다. 피가 심장에만 몰리면 죽는 것이지요. 경제도 마찬가지예요. 돈이 돌아야 합니다. 돈이 1000억 있으면 뭐 합니까? 어디 은행에 꽉 잠겨서 꼼짝하지 않으면 0원인 것이지요. 그런데 100억이 온 동네 골목에 쭉 퍼져서 10바퀴를 돌면 1000억이 되는 것이고, 100바퀴를 돌면 1조 원이 되는 것입니다. 그것이 경제잖아요. 우리 모두다 알지 않습니까? 그 돈을 돌게 하는 것이 정부의 경제정책입니다.

경제 중에서도 가장 서민들의 삶에 체감되는 곳이 바로 골목상권 아닙니까? 지역과 골목에서 활동하는 소상공인과 자영업자가 570만 명으로 공식통계가 잡히는 모양인데, 연간 100만 개의 자영업자 사업장이 폐업하고 80만~90만 개가 다시 생겨요. 총량으로 한 10만 개가 줄었다고 하던데, 10만 개

가 줄면 그 가족들, 종사자들, 얼마나 많은 사람들이 생업을 잃는 것입니까? 아마 정말 마지못해 버티는 사람이 많으실 것입니다.

어디 은행에서 소상공인 지원 대출을 받았는데 폐업하면 바로 갚아야 된다면서요? 폐업도 못 한다면서요? 돈은 없고, 폐업하려고 해도 바로 돈 안 갚으면 경매 들어올까 봐 폐업도 못 하고 그냥 죽을 고생하면서, 손해 보면서 버틴다…. 왜 그래야 합니까?

자영업자들의 대출 채무가 늘어난 게 주로 코로나 때잖아요? 코로나 때 다른 나라는 무상지원을 많이 해줬습니다. 그런데 우리나라는 다 대출을 해줬어요. 코로나를 극복하는 모든 비용을 정부가 부담하지 않고 서민들, 자영업자들에게 떠넘긴 것입니다. 그 결과 국가는 부채가 늘지 않아서 좋다고 자랑했지만, 다른 나라는 다 국가부채가 늘고 개인 가계부채가 크게 늘지 않은 반면에 우리나라만 국가부채는 그대로고 가계부채·개인부채만 잔뜩 늘었어요. 가계부채 때문에, 민간부채 때문에 앞으로 경제위기를 겪을지도 모른다고 하지 않습니까? 그 일선에 우리 자영업자들이 있는 것이지요.

지난 2022년 대선 때 대체로 모두가 그런 약속들을 한 것으로 저는 기억합니다. 채무 조정해주겠다, 연기해주겠다, 이자 지원해주겠다, 특히 채무 탕감을 해주겠다… 다들 약속하지 않았나요? 그런데 해준 것 있습니까? 이게 나라살림을 제대로 하는 것입니까? 아니지요. 국민이 힘들고 경제가 전체적으로 죽으면 곳간을 아무리 잘 챙겨도 소용이 없어요. 그리고 정부의 역할은 경제가 어려울 때 경제를 살리는 것이 정부가 하는 일입니다.

교과서에서 만날 배웠잖아요. 경제 3주체가 있다, 가계·기업·정부. 경기가 활황일 때는 정부가 너무 활황이 되면 문제가 되니까 살짝 눌러주는 것입니다. 그것이 정부의 역할이지요. 경기가 너무 나쁘다 그러면 살짝 부추겨주는 것이 정부가 하는 일입니다. 지금처럼 경기가 나쁘고 동네에 돈이 말라가면, 말라서 죽으면 큰일 나니까 돈이 돌게 해주는 것이 바로 정부가 해야 하는 의무입니다. 윤석열 정부에서는 그런 정책들이 다 사라진 것 같아요.

여러분이 나서주셔야 합니다. 정치는 대리인을 뽑아서 우리가 원하는 바를 대신하게 만드는 것인데, 그 대리인들이 우리

민생현장 방문
2024년 11월 21일 수원 못골시장

의 삶에 관심 갖지 않고 우리의 뜻과 다르게 행동하면 주인이 나서야지요. 소상공인 정책이든, 자영업자 지원 정책이든, 지역경제 골목경제를 살리는 정책이든 어떤 것이 필요한데 정치에서, 또 권력을 가진 행정부에서 그것을 제대로 하지 않으면 제대로 하게 만드는 것이 여러분 스스로를 위한 길입니다.

맡겼으니까 잘하겠지, 맡겼으니까 못해도 할 수 없다, 견디자, 이럴 필요가 없는 것이고 이래서도 안 되는 것이지요. 주인은 주인의 역할을, 머슴은 머슴의 역할을 잘해야 하는데, 각각 그 역할에서 벗어나면 그 제자리를 찾게 만드는 것은 바로 주인의 역할이지요. 당당하게 '내 세금이고, 내가 맡긴 권력이니 그 권력과 예산을 제대로 우리를 위해서, 국민을 위해서 써라'라고 여러분께서도 요구해주시기를 부탁드립니다. 말을 안 들으면 혼을 내야지요.

지역사랑상품권 국고 지원을 위한 전통시장·소상공인 간담회 모두발언
2024년 11월 21일 수원 영동시장 대강당

나도 한때는 개미였다, 주식시장의 해법

주식 개인투자자를 '개미'라고 부른다. 나도 한때 개미였다. 하이 리스크, 하이 리턴인 소형 '잡주'에 몰빵했다가 깡통을 차기도 했다. 이를 반면교사 삼아 IMF 이후에는 우량주 장기 투자로 본전 이상의 수익을 거두기도 했다. 지금은 보유한 주식이 없지만, 공직생활을 마무리하면 다시 '국장'(한국 주식시장)으로 되돌아갈 '휴면 개미'이기도 하다. 그래서 주식시장에 관심이 많다.

대한민국 주식투자자 상당수가 해외 주식시장으로 발걸음을 옮기고 있다. '국장'은 수익이 잘 나지 않을뿐더러 불공정·불합리한 방법으로 소수가 이익을 독차지한다는 의심이 끊이지 않기 때문이다. 주식시장에서 '코리아 디스카운트' 현상이 두드러지는 것은 경제정책 부재, 불공정한 시장, 지배경영권 남용, 안보위기 탓이 크다. 대개 정부가 의지를 갖고 제도 개선에 나선다면 해결할 수 있는 문제들이다. 민주당이 상법 개정에 적극 나서는 이유이기도 하다.

***

저도 한때는 개미였습니다. 주식에 투자하는 분들은 아마도 정부나 정치권에 원망이 참 많을 것 같습니다. 저도 1990년쯤부터 주식투자를 시작해서 처음에는 소형 '잡주'를 속된 말로 '몰빵'을 했다가 깡통도 많이 차봤습니다. 특히 IMF 때는 제가 좀 간이 커져가지고 선물뿐만 아니라 심지어 풋옵션 거래까지 한 적이 있습니다. 그래서 외국시장이 밤새 떨어지고 나면 다음 날 엄청난 손해를 보기도 했지요.

그래도 IMF 후에는 주식 교과서에 써진 대로 우량주 장기투자를 열심히 해서 본전 이상의 수익을 거두었기도 합니다. 지금은 공직자로서 주식 보유가 금지되어 있긴 하지만, 저도 언젠가는 국장으로 되돌아갈 '휴면 개미'입니다. 휴면 개미이기 때문에 저도 주식시장에 관심이 많습니다.

그런데 사실 언제부턴가는 우량주 장기투자도 불안해진 게 현실이 되어버렸죠. 제가 개미일 때보다 그사이에 더 나빠졌습니다. 물론 그때도 대기업 내부의 부당거래, 내부거래들이 있긴 했지만, 최소한 전에는 대놓고 주식을 쪼개고 분할 상장해서 훔쳐가는 경우는 없었어요. 그런데 요즘은 그런 게 당연시되다 보니까 주식시장의 시세가 더 떨어졌습니다. 제가 공직자를 그만두고 주식시장으로 되돌아가기 전까지 주식시장을 정상화해놓도록 최선을 다하겠습니다.

지금 대한민국 주식투자자가 1400만을 넘었다고 합니다. 문제는 이 1400만 투자자 대부분이 대한민국 주식시장에 대해서 실망하고 좌절하고 결국 대한민국 주식시장 소위 국장을 떠나서 해외 주식시장으로 발걸음을 옮기고 있는 안타까운 현실입니다. 결국은 우리의 주식시장에서 수익이 나지 않기 때문이죠. 그뿐만 아니라 '수익을 누군가가 독차지한다, 그것도 불법적이거나 불공정한·불합리한 방법으로' 이런 의심들이 있습니다.

경제의 핵심은 합리성과 예측 가능성이죠. 상황이 나빠도 예측 가능하고 미래에 희망이 있으면 투자하고 경제활동이 활성화됩니다. 그런데 현재 상황이 아무리 좋아도 불공정하고 불안정해서 '앞으로 어떻게 될지 잘 알 수가 없다' 이러면 투자나 경제활동이 매우 어렵게 됩니다. 우리 주식시장이 장기간 침체를 겪고 있는데, 그 이유는 수백 가지가 있겠지만 핵심적인 이유를 들라면 저는 딱 네 가지를 들 수 있겠습니다.

첫째는 경제정책 부재, 둘째는 불공정한 시장, 셋째는 지배 경영권 남용, 넷째는 안보위기입니다.

우선 첫 번째로 경제정책 부재 이야기부터 해보지요. '대한민국의 산업정책이 앞으로 어떻게 변해갈 것이다, 한국의 경제정책이 앞으로 어떻게 운영될 것이다' 이 점에 대해서 윤석열 정부는 아무런 대책도 방침도 지침도 없어 보입니다. 용산 대통령실이 무관심하고 무기력하고 무능해도 각 부처들이 좀 움직여주면 좋겠는데, 각 부처들 역시 복지부동입니다. 요새는 '낙지부동'이라고 하더군요. 바닥에 철썩 붙어서 때려 해도 아예 떨어지지도 않는 태도를 보인다고요. 그러니 장기적 비전을 가지고 한국 시장 또는 한국 기업들에 투자할 유인이 줄어들게 됩니다.

두 번째로 불공정한 시장이 문제죠. 똑같이 투자해서 주식을 매입했는데, 누군가는 부당하게 이익을 보고 선량한 대다수의 사람들은 손해를 보는 상황이니 시장에 대한 신뢰가 떨어지게 됩니다. 대표적인 게 주가조작 아니겠습니까? '주가조작을 아무리 해도, 수십억이 그냥 내 주머니에 들어왔다고 해도 힘세고 권력이 있으면 처벌도 받지 않고 이익을 그대로 누릴 수 있다.' 윤석열 정부에서는 객관적으로 이런 상황이 지속될 뿐만 아니라 이를 전 세계에 광고하고 있습니다. "대한민국 주식시장에서는 주가조작을 해서 돈을 벌어도 힘만 있으면 처벌받지 않습니다!"라고요.

실제로 특히 소형주 같은 경우에는 이상거래를 포함해서 주가조작이 매우 일상적으로 일어나고 있는 것 같습니다. 그런데 감시 역량이 안 되는지, 감시 역량은 되지만 제대로 안 하는지 정확히 모르겠습니다만, 어쨌든 이 주식시장의 불공정성이 그대로 방치되니까 선량한 투자자들 대다수는 언제나 손해를 볼 수밖에 없고 그러니 투자를 회피할 수밖에 없는 상황인 것 같습니다.

세 번째는 지배경영권 남용이죠. 절대적 의사결정 권한을 가진, 실제 지분비율을 보면 소수인 대주주들이 자신들의 이익을 위해서 대다수 소액투자자들의 이익을 침해하면서 소위 알맹이를 빼먹지 않습니까? 뭐 여러 사례들이 있죠. 물적 분할해서 자회사를 만든 다음에 모회사, 존속회사들은 알맹이는 없어지고 껍데기만 남으니까 우량주 장기투자라고 하는 그야말로 교과서대로 열심히 성실하게 투자한 사람들도 갑자기 자기가 가지고 있던 주식이 불량주로 변하는 거예요. 그러니 어떻게 투자하겠습니까? 이거 믿을 수가 없지 않습니까? 그리고 불공정하죠. 말이 안 되지 않습니까?

내가 어미소 소유자인데 이 어미소가 낳은 송아지들은 주인이 다른 사람으로 바뀌는 거예요. 어미소 소유자 입장에서는 송아지를 낳으면 낳을수록 손해죠. 누군가는 송아지를 그냥 무상으로 취득하지 않습니까? 이게 허용되는 게 정상이겠어요? 물적 분할이니 합병이니 무슨 전환사채 발행 등등 온갖 희한한 수단들을 다 동원해가지고 기존 주주들의 권익을 침해하고 비정상적인 의사결정을 합니다. 그러니 '주식시장이 살아나기 어렵다, 기업에 대한 신뢰가 제고되기 어렵다' 그런 이야기가 나오는 겁니다.

경쟁력은 공정성에서 나옵니다. 이렇게 부당하게 이익을 취하는 시스템으로 이 엄혹한 국제경쟁을 어떻게 이겨나가겠습니까? 많은 약자들의 이익을 빼앗아 특정 소수가 그 이익을 독점하면서 돈 벌어가지고 국제경쟁에서 글로벌기업들과 싸워 이길 수 있겠습니까?

마지막으로 안보위기입니다. 매우 중요한 요소입니다. 경제는 안정을 기반으로 성장하고 발전하죠. 불안정하면 의사결정을 할 수가 없어요. 그 불안정을 초래한 가장 큰 요인이 전쟁 소위 지정학적 위기 아니겠습니까?

우리는 한반도의 분단국가로서 군사적으로 심각하게 대치하고 있지요. 한반도의 안보 관리를 제대로 해서 평화체제가 구축되면 전쟁위험이 당연히 낮아지고 안정성이 높아지기 때문에 경제활동 여지가 커지죠. 그런데 자꾸 쓸데없이 휴전선에 가서 자극을 하거나 평화에 대한 노력보다는 전쟁과 갈등을 부추기는 강대강 정책으로 일관하게 되면 한반도의 전쟁위기가 높아지죠. 윤석열 정부에서의 한반도 전쟁위기가 '6·25동란 이후로 가장 높다'는 게 국제기구들의 냉정한 평가입니다. 이런 나라에 투자하고 싶지 않겠죠. 저는 이 점이 최근

에 주식시장 침체에 중요한 한 축이라고 생각합니다.

　그런데 이 네 가지 문제는 사실 정부정책으로 대부분 해결할 수 있습니다. 의지만 정확하게 표명하고 몇 가지 제도적 개선을 해내면 얼마든지 대반전을 이뤄낼 수 있습니다. 제가 정확한 수치를 계산한 건 아닙니다만, 소위 주가순자산비율(PBR)이나 주가수익비율(PER) 이런 것들을 제대로 개선만 하면 저는 현재 상태로도 주가지수 4000은 충분히 갈 수 있겠다고 생각합니다. 물론 정확한 추산은 아닙니다만 저평가만 해소하면 가능하지요.

　정상적으로 국가 경제정책이 작동하고, 한반도 리스크가 완화되고, 주식시장의 공정성이 보장되고, 대주주들의 지배경영권 남용이 억제되어서 정말로 공정하고 합리적인 기업경영과 시장질서가 유지만 된다면 획기적인 개선이 이뤄질 것입니다.

　국민들이 대한민국 시장에 대한 신뢰가 생기고, '대한민국 산업경제가 앞으로 정상화될 것이다, 한강의 기적을 만들어서 세계 10대 경제 강국으로 발전한 그 역동성이 살아날 것이다'라고 믿어지면 저는 주가지수가 현재와 똑같은 상태에서도

4000선은 가뿐히 넘을 수 있다고 봅니다.

지금은 금융자산이 중요한 시대가 되었습니다. 우리 국민들께서도 주식시장이라고 하는 새로운 자산증식 수단을 제대로 가져야 할 것입니다. 그래야 이미 가지고 있는 자산들의 가치도 올라가고 국가도 부강해지고 국민들도 부유해지는 선순환이 얼마든지 가능합니다. 그런데 현재 상태로는 매우 어렵다는 생각이 듭니다.

그래서 우리 민주당은 그중에 한 가지 우리가 할 수 있는 일을 하려고 합니다. 상법 개정을 반드시 하겠다는 말씀을 드립니다. 가장 핵심은 이사회의 충실의무조항 개정이 될 것이고 그 외에도 주주들의 평등한 권리를 보장하는 제도 또는 지배경영권 남용 부당결정을 방지하기 위한 각종 제도들을 국회에서 만들어가겠습니다.

대한민국 주식시장 활성화TF 현장 간담회 모두발언
2024년 11월 28일 한국거래소 서울 사옥

5장

결국
국민이
합니다

어떤 대통령이 필요한가

대한민국에는 어떤 대통령이 필요할까? 한 사회의 운명은 선출직이든 임명직이든 그 사회의 권력을 가진 공직자들의 마인드와 가치, 지향, 열정에 달려 있다. 한 나라의 경우, 그 권력집단이 나라를 팔아먹기도 하고 새로운 나라를 만들기도 한다.

그 권력의 정점에는 최고 인사권자가 있다. 최고 인사권자가 동쪽을 바라보면 공직자들은 모두 동쪽을 바라본다. 그래서 공직자들을 해바라기라고 비판하는데, 이러한 일사불란함이 행정적 성과의 핵심 동력이기도 하다. 흔히 '늘공'이라고 불리는 직업 공무원은 선출된 권력을 따라서 움직이게 된다.

다소 시간의 차이가 있을 뿐, 인사권자가 무엇을 원하는지 정확하게 파악해서 그것에 집중하게 된다.

리더인 최고 책임자의 마인드, 지향, 가치, 열정에 따라서 공직자들은 직접적인 영향을 받는다. 최고 책임자가 열정적이면 공직자들도 열정적으로 움직인다. 다 바뀐다. 그렇기 때문에 리더의 가치, 지향, 열정, 국민에 대한 충직함이 매우 중요하다.

대한민국의 대통령이라면 외교에서 균형점을 찾는 일은 무엇보다 중요하다. 일본과의 관계를 개선해나가되 굴욕적이면 안 된다. 동시에 일본과의 경제적 현안들도 잘 해결해야 한다. 중국, 미국과의 삼각관계도 마찬가지다. 중국과의 관계를 실리외교로 잘 풀어내되 한미동맹의 가치를 훼손해서는 안 된다. 반대로 과도하게 한미동맹만을 강조해 다른 나라와 척지는 상황도 피해야 한다. 말처럼 쉬운 일이 아니다. 그래서 외교문제가 어려운 것이다.

윤석열 정부는 외교문제를 제대로 풀지 못했다. 이전 정권이 이뤄놓은 성과마저 후퇴시키기도 했다. 외교문제를 난맥상으로 만들어놓으면 한반도가 매우 불안정해진다. 이는 비단 외교뿐만 아니라 경제와 안보에도 직접적인 악영향을 미친다. 내일 당장 전쟁이 일어나도 이상하지 않을 정도가 되면 문제는 매우 심각해진다. 외교는 상대에 대한 상호존중과 소통을 바탕으로 해야 한다.

최고 책임자에게 가장 중요한 덕목은 국민들이 먹고사는 문제를 잘 풀어내는 것이다. 지금은 대대적인 투자를 해야 할 때다. 기업도 그렇겠지만 국가 차원에서도 투자는 시기가 중요하다. 경기가 호황일 때 정부가 재정지출을 늘려서 투자를 하면 경기과열이라는 적신호가 올 수 있다. 역설적으로 경기가 침체되었을 때가 투자의 적기일 수 있다. 한겨울에 여름 농사를 준비하는 것과 같다. 지금은 정부가 과감하게 투자를 해도 경기과열의 걱정은 없다. 투자의 방향과 계획이 문제일 뿐이다.

경제가 어려울 때 국가가 나서서 일자리를 만들어야 한다. 그러면 경기침체를 일시적으로 극복하는 데 도움이 된다. 그러나 경기회복의 핵심은 단발성이 아니라 지속가능성이다. 그리고 나라 경제에 구체적으로 도움을 주는 실용성이 있어야 한다.

예를 들면 재생에너지 시스템을 만드는 것처럼 장기적인 선순환 사이클을 내다봐야 한다. 지속적인 투자를 하면 재생에너지산업 발전과 일자리 창출에 큰 도움이 된다. 전 세계의 필수 과제가 된 '탄소중립'에도 부합한다. 기업들도 재생에너지

외신 인터뷰를 마치고
2024년 12월 9일 국회 본청 당대표회의실

© 위성환

부족 때문에 해외로의 탈출을 고민하지 않아도 된다.

전라남도 해남은 2022년 외국기업 TGK와 20억 달러(약 2조 6000억 원) 규모의 데이터센터(IDC) 조성 업무협약을 맺고 추진했다. 그러나 계약조건 중에 하나였던, 데이터센터 주변에 전력을 공급할 수 있는 적정 규모의 변전소를 갖추지 못했다. 결국 TGK는 2024년 데이터센터를 필리핀에 세우기로 방향을 선회했다. 중앙정부와 지자체가 협력해 미리 준비했으면 좋은 결실을 맺었을 텐데 얼마나 아까운 일인가.

전 세계 굴지의 기업들이 '2050년까지 기업의 사용 전력량 100퍼센트를 풍력·태양광 등 재생에너지로 조달하겠다'는 RE100 캠페인에 동참하는 추세다. 이러한 요구를 반영한 재생에너지 분야도 투자와 일자리 측면에서 계속 눈여겨봐야 하는 미래 성장산업의 핵심이다. 이 같은 바탕에서 나온 것이 '에너지 고속도로' 정책이다. 미래 먹거리를 확보하기 위해서라도 국가가 적극 투자에 나서야 한다. 국가 차원의 성장기회가 확대되면 지역도 그만큼 균형발전의 기회가 늘어난다. 그것이 '공정 성장'으로 가는 발판이기도 하다.

공정 성장은 양극화 심화로 자원이 너무 한쪽으로 쏠리는 현상을 완화하고 개선하는 데도 도움이 된다. 자원을 최대한 공정하게 배분하고 성장의 성과를 공정하게 나누는 것이 우리 모두가 지속적으로 성장하는 길이기 때문이다. 조금씩만 바꿔나간다면 많은 사람들이 지금보다 일할 수 있는 기회를 더 많이 가질 수 있다.

나는 정책을 고민할 때 가급적 복합적으로 설계하는 것을 선호한다. 가능하면 똑같은 재원으로 효용성이 큰 중복 효과를 내는 게 바람직하다고 생각한다. 민생지원금도 지역화폐로 지급하면 골목상권 등 동네 경제에 도움을 줄 뿐 아니라 지역화폐를 활성화하는 이중 효과가 발생한다. 소비 진작 효과와 매출 지원 효과를 함께 기대할 수 있다.

지속적으로 성장해야 기회가 생기고, 기회가 많이 생겨야 저출생 문제를 해결하는 데도 도움이 된다. 미래가 암울하면 자녀들의 앞날을 생각해 출산을 꺼리게 된다. 희망 있는 사회를 만들어야 하는 이유다.

30년 후, 50년 후 대한민국은 어떤 사회가 될까? 연금 때문에 걱정하지 않아도 기본적인 삶이 보장된다면 희망을 가질 수 있다. 국정의 최고 책임자라면 그러한 비전을 고민하고 제시해야 한다.

백낙청 서울대 명예교수님은 2022년 대선 직후 오마이TV와의 인터뷰에서 패장이 된 나에 대해 이렇게 말씀하셨다. "비록 대선에서는 패배했지만, 그 과정에서 우리는 걸출한 정치지도자를 한 명 건졌다. 이재명은 김대중 이후 최고의 정치 지도자다." 이 인터뷰가 나간 뒤 여기저기서 이런 평가에 대해 어떻게 생각하느냐는 질문을 많이 받았다. 백 교수님이 대선에서 패배한 나를 격려해주기 위해 그렇게 말씀하신 줄은 알지만 분에 넘치는 과찬이다.

나는 내가 아직도 많이 부족하다는 것을 스스로 잘 알고 있다. 백 교수님께서 나에 대한 기대가 커서 그렇게 말씀하신 것 같다. 가끔씩 백 교수님을 찾아뵙고 인사를 드린다. 그때마다 "더 참고, 더 공부하고, 더 낮은 자세로 임해야 한다"라고 말씀하신다. 도올 김용옥 선생님과 함세웅 신부님도 비슷한 격려와 조언의 말씀을 해주신다. 그런 기대 때문에 더 열심히 공부하고 치열하게 고민해야겠다는 생각을 늘 하고 있다.

비단 책을 읽어야만 공부가 아니라고 한다면, 내가 가장 큰 관심을 갖고 매진하는 공부는 경제와 민생이다. 정치의 본질은 결국 국민이 잘 먹고 잘 살 수 있도록 하는 것이다. 내가 먹사니즘과 잘사니즘을 강조하는 것도 그 때문이다.

김대중 대통령의 말씀을 가슴에 새기고

가짜뉴스는 민주주의의 적이다. 앞에서도 언급했지만, '오월 광주'의 진실을 깨달으면서 나의 인생항로가 바뀌었다. 진실을 알아가는 과정에서 가짜뉴스라는 것이 얼마나 해악을 끼치는지 절감했다. 5·18 광주민주화운동이 오랫동안 은폐되고, 그 피해자들이 그 긴 시간 동안 엄청난 고통을 겪은 사실을 떠올리면 지금도 참담한 심정이다.

민주공화국은 주권자들이 정확한 정보를 가지고 정확한 판단을 할 때 제대로 설 수 있다. 엉터리 가짜 정보로 왜곡하면 주권자들의 판단이 흐려지고 결국 민주공화국은 무너진다. 민주주의가 바로 서기 위해서는 정확한 정보가 필요하다. 그래서 진실을 밝히려고 노력하는 언론의 자유를 보장하는 것이다. 그런데 이 틈새를 이용해서 가짜뉴스를 퍼뜨리고, 사실을 왜곡하고, 진실을 가리는 세력들이 있다. 부패하고 부정한 악인들이 마치 착한 사람들인 것처럼 행세하는 데도 가짜뉴스가 역할을 한다. 민주주의를 위해서도, 민주공화국인 대한민국의 미래를 위해서도 가짜뉴스는 반드시 뿌리를 뽑아야 한다.

잘못된 정권은 가짜뉴스에서 이익을 얻으려고 방송을 무력화하려는 언론장악을 시도하기도 한다. 윤석열 정권은 초기부터 KBS, MBC, YTN 등 방송을 장악하려고 혈안이 되었다. '아니, 저렇게까지 해도 되나?' 하는 생각이 들 정도로 지나친 일들을 벌였다. 엄청난 비난을 받고 욕을 먹으면서도 그렇게 무리수를 두는 데는 명확한 이유가 있었다고 생각한다. 방송을 장악한 다음에 정보를 통제해서 진실을 감추고, 가짜뉴스를 퍼뜨려서 왜곡된 정보를 양산하면 윤석열 정권이 더 큰 이익을 얻을 수 있다고 보았기 때문일 것이다.

가짜뉴스와 언론장악을 막으려면, 결국 국민이 나서야 한다. 김대중 전 대통령께서 말씀하신 것처럼 담벼락에 대고 고함이라도 쳐야 한다. 개인의 참여 방법은 많다. 제대로 된 정보와 뉴스에 '좋아요' 공감 버튼을 누르고 짧은 댓글이라도 남겨서 자신의 의견을 밝히는 것이다. 그런 의견들이 모이면 큰 힘이 된다.

오마이뉴스는 예전에 나와의 인터뷰에서 "국민의 건강한 목소리를 대변하는 대안언론에 시민기자로 참여하고 후원하는 것도 하나의 방법"이라고 시민들에게 제안한 적이 있다. 온전히 동의한다. 이러한 대안언론은 우리의 민주주의를 지키고 주권을 지키는 보루가 될 수 있다. 계엄령과 내란 사태 때도 이런 대안언론의 역할을 우리는 실감할 수 있었다.

결국 국민들의 실천이 중요하다. 그러한 힘들이 모여 민주주의를 지키고, 우리가 함께 사는 세상을 바꿔나간다. 국민 여러분의 작은 실천이 민주주의에 숨을 불어넣는다.

'더불어민주당 지방자치대상' 시상식 참석을 위해 국회도서관으로 이동하며
2025년 2월 10일

나의 한 표가 중요한 이유

　정치인은 국민들이 고용한 일꾼이기 때문에 경쟁을 시켜야 한다. 기회도 골고루 주고, 기회를 줬는데도 제대로 하지 않으면 혼내고, 그래도 안 하면 권력을 빼앗아 다른 사람을 대신 시켜야 한다. 대한민국은 왕이 지배하는 군주제 국가가 아니다. 왕이 되려고 하는 정치인이 있다면 철저하게 눌러야 한다. 주인의 머리 꼭대기 위에 올라앉아서 주인을 능멸한다면 내쳐야 한다.

　방향의 전환도 새로운 출발도 국민으로부터 시작해야 한다. 정치인들이 알아서 할 수도 없고, 마음대로 해서도 안 된다. 결국 국민이 해야 한다. 국민의 손에 대한민국의 운명이 달려 있다. 주권을 포기하면 그 몫은 소수의 기득권자들에게 돌아 간다. 1인 1표 민주공화국에서 압도적 다수의 의지에 반하는 권력 행사가 가능한 이유다. 국민 여러분이 그러한 사태를 막아야 한다. 방법은 딱 하나다. 투표에 참여하는 것이다. 포기하지 않는 것이다.

* * *

정치라고 하는 것은 무언가 특별한 사람들이 하는 특별한 것이 아닙니다. 그냥 우리의 삶 그 자체입니다. 좋은 사람 뽑아서 그들이 국민을 위해서 진정 봉사하면 행복한 나라가 되는 것입니다.

좋아하는 색깔이라고, 내 고향과 가까운 사람이라고, 무능하든 유능하든, 불성실하든 성실하든, 능력이 있어서 성과를 내든 성과를 못 내든 상관없이 무조건, 이러면 무시당하지요.

정치인들은 우리가 고용한 일꾼이기 때문에 경쟁을 시켜야 합니다. 기회도 골고루 주고, 한번 기회를 줬는데 잘 안 하면 혼내고, 그래도 안 되면 권력을 뺏고 다른 사람을 대신 시켜야지요. 그래서 잘하기 경쟁을 시켜야 될 것 아닙니까?

여러분이 평가해서 잘 못하면 다른 사람에게 기회를 주고, 우리한테 더 잘하는 사람에게 기회를 더 많이 주어야 그들이 국민에게 충성하지 않겠습니까? 그것이 진짜 민주공화국이지요. 그것이 주권이 국민에게 있는 나라 아닙니까?

대한민국은 왕이 지배하는 군주제 국가가 아닙니다. 우리는 결코 왕을 허용해서는 안 됩니다. 왕이 되려고 하면 철저하게 눌러야 합니다. 말 잘 듣는 대리인으로 말이지요. 기어 올라오면 떨어뜨려야지요. 주인 머리 꼭대기 위에 올라앉아서 주인을 능멸하면 내쳐야지요.

위대한 나라의 위대한 국민들인데, 어쩌다가 정치권력·정치집단들이 저렇게 이기적이고 비상식적이고 몰지각합니까? 여러분, 이제 다시 되돌아가야 합니다. 다시 평화로운 나라로, 다시 민주적인 나라로, 다시 성장하는 나라로, 안전하고 평화로운 나라가 되어야 하지 않겠습니까? 이제 퇴행은 여기까지! 이제 그만 역주행해야 하지 않겠습니까? 권력이 국민의 입을 틀어막고, 언론을 겁박하고, 눈과 귀를 가리고, 압수수색으로

겁주는 이런 세상은 이제 그만해야지요. 어떻게 만든 대한민국입니까, 여러분!

그러나 이 모든 방향의 전환도, 새로운 출발도, 정치인들이 할 수 있는 것이 아닙니다. 결국 여러분이 하셔야 합니다. 여러분 손에 여러분의 운명이, 대한민국 국가공동체의 운명이 달려 있습니다. 자식들의 미래도 달려 있습니다.

여러분, 밤새워 일하고, 쉬는 시간 없이 죽어라고 투잡, 쓰리잡 열심히 하는 것도 중요합니다. 다음 세대들에게 행복한 세상, 행복한 인생을 살게 해주고 싶지요? 남은 인생도 행복했으면 좋지 않겠습니까?

열심히 일하는 것, 중요합니다. 그러나 더 중요한 것은 사회가 가진 자원과 무한한 기회들이 제대로 효율적으로 잘 쓰이고, 공정하게 잘 배분되고, 부당한 억압 없이 자유로운 공기가 충만한 그런 세상을 만들어야 하지 않겠습니까?

전 세계에서, 식민지에서 해방된 나라 중 산업화와 민주화를 동시에 이룬 나라는 대한민국이 유일합니다. 그리고 그중

부산 서면 집중유세
2024년 4월 3일

에서도 이렇게 문화가 발전한, 세계를 선도하는 나라가 없습니다. 정말 정치권력만 제대로 작동하면, 뭘 엄청 잘하라는 것이 아니고 방해만 놓지 않으면, 불공정하게만 하지 않으면, 제대로 진정한 자유를 누리라고 놔두면, 평등하고 공정한 세상이 되기만 하면, 우리는 정말로 세계를 향해서 뻗어나갈 것입니다. 너무 아쉽습니다. 시간이 너무 안타깝습니다. 그러나 어쩌겠습니까? 이것도 우리 선택의 결과인 것을요.

정치만 똑바로 잘되면 얼마나 잘 사는 나라가 되겠습니까? 얼마나 좋은 나라가 되겠어요? 그래서 정치가 중요합니다. 그런데 우리가 맡긴 권력이 압도적 다수가 원하는 그런 정책을 왜 하지 않을까요? 극소수만 혜택을 보는 대규모 감세는 하면서도 5200만 전 국민이 좋아하는 정책은 안 합니다. 왜 안 합니까? 그래도 되니까, 그래도 용인되니까, 그래도 권력을 뺏기지 않으니까, 그래도 권력을 주니까, 그래도 선거에 이길 수 있으니까 그러는 것입니다, 여러분.

이제는 그것을 극복해야 되겠지요? 왜 압도적 다수가 원하는 결론이 나지 않을까요. 압도적 다수가 원하는 대로 하는 것이 수학적으로 보면 정확한데 말입니다. 여러분, 여기 함정이 하나 있습니다. 분명히 과반수가 원하는 좋은 결과로 가야 하는데, 문제는 대통령을 뽑는 선거에서도 100명 중 25명, 즉 네 명 중 한 명은 포기합니다. 투표를 하지 않습니다. 주권을 포기합니다. 이번에 국회의원 선거는 65퍼센트만 넘기면 된다고 난리지요? 3분의 1이 투표하지 않는다는 뜻입니다. 지방선거는 절반이 투표를 안 합니다. 거의 절반 가까이 투표를 포기합니다. 주권을 포기합니다.

그러면 이 포기하는 몫이 누구의 것이냐. 그냥 생각하면 아무의 것도 아니고, 그것도 역시 참여하는 사람들이 N분의 1로 나눠 갖는 것 같지 않습니까? 그러나 실상은 그렇지 않습니다. 주권자가 포기한 그 영역은 소수의 기득권자들의 몫입니다. 이것이 정말로 중요합니다. 내가 포기한 몫은 중립인 것 같은데, 실제로는 이 사회의 소수 기득권자들이 차지합니다.

그래서 일부 악성 언론들이나 일부 소수가 끊임없이 이렇게 말합니다. "정치는 나쁜 것이다, 정치에 관심 갖지 마라, 정치는 더럽다." 정치적 무관심과 정치혐오를 조장합니다. 그렇게 정치가 나쁜 것이고 관심을 갖지 말아야 하는 것이라면, 자기들은 왜 합니까? 자기들은 왜 그렇게 관심을 가집니까? 끊임없이 가짜뉴스를 뿌리고 정보를 조작하고 왜곡하지 않습니까? 그래서 정치적 무관심을 유발하면, 정치적 무관심 때문에 투표를 포기한 주권이 다 자기들 몫으로 조용히 들어옵니다.

이것이 바로 1인 1표의 민주공화국에서 압도적 다수의 의지에 반하는 권력 행사가 가능한 이유입니다. 그것을 막아야 합니다. 막는 방법은 딱 하나, 투표에 참여하는 것입니다. 포기하지 않는 것입니다.

여러분, 그것으로도 부족합니다. 여러분의 지인들이 포기하지 못하게 해야 합니다. 전 세계에서, 대한민국 안에서, 내가 아는 사람 총동원해서 반드시 투표하게 해야 합니다. 그래야 권력이 다수를 위해서 작동합니다. 권력이 다수를 위해서 작동하면, 다수가 행복한 사회가 됩니다. 합리적이고 공정한 사회가 비로소 가능해집니다. 그것이 자식들을 잘 살게 하는 길입니다. 우리가 더 행복하게 사는 길입니다.

부산 서면 집중유세 연설
2024년 4월 3일 부산시 부산진구

악어의 눈물에 속지 말자

우리 국민들은 선량해서 누군가가 눈물 흘리고 큰절하면서 잘못을 빌면 마음이 약해지는 경향이 있다. 좋은 덕목이다. 그런데 눈물에도 종류가 있다. 고통스러워서, 힘들어서, 미래가 암울해서 흘리는 다수 서민과 약자의 눈물은 연민하고 동정해야 한다. 그러나 기득권 강자가 자신의 잘못을 책임지지 않고 권력을 연장하려는 목적으로 국민을 속이기 위해 흘리는 '악어의 눈물'은 결코 연민하거나 동정하면 안 된다.

국민을 탄압하고 국민을 거역하는 권력자들의 잘못된 권력 행사를 가짜 눈물에 속아서 용서한다면 우리 국민들은 그 수백 배, 수천 배의 피눈물을 흘리게 될 수도 있다. 우리의 자녀들이 기회가 사라진 세상, 불평등하고 폭력적인 세상에서 희망과 미래를 잃고 좌절하며 흘리는 눈물을 동정하고 걱정해야한다. 강자들, 소수 기득권자들의 눈물과 사과에는 유효기간이 있다. 딱 선거 날까지다. 그런 가짜 눈물에 속으면 안 된다.

***

여러분, 내일 대한민국 주권자의 이름으로 승리할 준비는다 되셨습니까? 악어의 눈물에 속지 않고 그들의 민생 실패에대해서 확실하게 책임을 물을 준비가 되셨습니까?

모든 권력은 국민으로부터 나온다고 했습니다. 대한민국의주인은 국민 아닙니까. 우리가 맡긴 권력과 예산으로 국민의더 나은 삶과 이 나라의 더 나은 미래를 개척하라고 했더니 그주어진 권력과 예산으로 무슨 고속도로 위치나 바꾸면서 사익을 취하고 심지어 자신들의 범죄를 은폐하느라 국민의 세금을 낭비할 뿐만 아니라 호주에 도주대사를 파견해서 나라망신을 시키는 이러한 외교 실패, 권력 남용, 예산 낭비에 대해서도 확실하게 책임을 물어야 하지 않겠습니까.

용산구민 여러분 그리고 서울시민 여러분, 우리는 (지난 대선에서) 숭배할 우상을 뽑거나 우리를 통치하고 지배할 왕을 뽑지 않았습니다. 우리는 국민을 위해서 잠시 권력을 위임받아 충직하게 국민과 국가를 위해 일할 일꾼을 뽑은 것입니다. 그렇지 않습니까? 우리의 대리인, 일꾼들이 주인을 업신여기고 능멸하고 심지어 주인을 억압하고 고통으로 몰아넣으면 주인된 입장에서 용서하지 말아야 하는 것 아닙니까?

대한민국의 주인은 국민, 바로 주권자들입니다. 주권자 의지에 반하고 주권자 이익에 반하는 권력 행사에 대해서는 반드시 책임을 물어야 앞으로는 충직하게 국민의 대리인으로 국민을 섬기면서 일하지 않겠습니까.

내일이 바로 심판하는 날입니다. 내일이야말로 이 나라 주인이 국민이라는 점을, 너희들은 국민으로부터 잠시 권력을 위임받은 대리인, 일꾼에 불과하다는 점을 확실하게 증명해야 하지 않겠습니까. 준비되셨습니까?

국민 여러분, 이 나라는 전 세계가 인정하는 것처럼 식민지에서 해방된 나라 중에 유일하게 산업화와 민주화에 성공한 나라입니다. 모범적인 민주국가로 국제사회의 칭송을 받았습니다. 세계 10대 경제 강국이었고 5대 무역흑자 국가였습니다. 동북아의 평화를 선도하는 평화 국가였고 국익 중심의 외교로 경제영토를 끊임없이 넓혀서 경제적으로 성장하는 기회가 넘쳐나는 나라를 향해 가고 있었습니다.

그런데 우리가 맡긴 권력과 예산으로 국민의 삶을 개선하지는 못할망정 국가의 더 밝은 미래를 개척하지는 못할망정 오히려 없는 것보다도 못할 만큼 민생이면 민생, 경제면 경제, 외교면 외교, 그리고 안보, 자유민주주의까지 망가뜨리지 않은 것이 없는 것이 바로 이 정권입니다. 우리가 삶 속에서 체험하고 있지 않습니까.

이제 그들이 행사한 권한의 양만큼 그에 상응하는 책임을 질 때가 되었습니다. 내일은 2년의 국정에 대해서 명확하게 평가하고 주인으로서 계속 권력을 맡길 것인지, 벌을 줄 것인지를 결정해야 합니다. 내일 우리가 받아들게 될 그 투표용지는 바로 옐로카드, 경고장입니다. '우리가 이 나라의 주인이다! 너희들의 국정 실패에 대해서 명확하게 경고한다!' 이런 경고장을 날려야 하지 않겠습니까.

국가의 역할 중에 가장 중요한 역할이 국민의 생명과 안전을 지키는 것입니다. '이채양명주'에서 보여지는 것처럼 이태원참사는 아마도 대한민국 근현대사에 길이 남을 참사가 될 것입니다. 그중에서도 국민이 아무런 이유도 없이 길을 가다가 백수십 명이 죽었음에도 정부가 그 원인이 무엇인지, 누가 책임을 져야 하는지 전혀 규명하지 못한, 규명하려는 노력이 전무했던 사건으로 기록될 것입니다.

우리는 반드시 이 사건의 진상을 규명하고 다시는 이러한 대형 참사가 일어나지 않도록 예방책과 방지책을 세워야 합니다. 그리고 백수십 명의 억울한, 죄 없는 생명들이 스러져간 그 참사에 대해서 법적 책임을 묻는 것은 별론으로 하더라도 윤리적, 도덕적, 정치적 책임은 최소한 지금이라도 져야 하는 것 아닙니까.

그런데 윤석열 정권과 국민의힘은 이 당연한 진상 규명과 책임을 회피했습니다. 이것은 주권자인 국민을 명백하게 능욕한 행위이고 일꾼, 대리인으로서의 기본적인 자질이 없는, 무자격, 용서할 수 없는, 실패한 정권입니다. 그리고 반드시 상응하는 책임을 물어야 할 무능한 정권입니다. 맞습니까, 여러분?

여러분이 반드시 책임을 물어주십시오. 우리의 이웃, 아니 어쩌면 나 자신이 똑같은 참사로 피해를 입게 될지 모릅니다. 이태원 참사의 원인도 규명하지 못했고, 원인을 규명하려는 노력도 그들에게 저지당했고, 심지어 국회가 다수 의석으로 진상 규명을 위한 특별법을 만들자는 것도 그들은 저지하고 있습니다. 대통령이 거부권을 남발하고 여당은 소수당임에도 불구하고 법사위를 장악하고 권한을 남용해가면서 국민의 뜻을 어기고 있습니다. 이번에 반드시 책임을 물어서 국민의 생명과 안전을 지키는 데 실패한 정권은 유지될 수 없다는 것을 여러분께서 확실하게 해주시기를 부탁드립니다. (…)

아주 당연한 원리로 누군가의 일을 대신 맡아 하는 사람은 자신이 한 일에 대해서 책임을 져야 합니다. 권한의 양만큼 책임이 있습니다. 권한을 행사했으면 그 권한 행사의 결과에 대해서 응분의 책임을 져야 합니다. 잘했으면 상을 받는 것이고 잘못했으면 벌을 받는 것이 당연합니다.

이 나라는 경제, 민생, 안보, 평화, 민주주의 모든 면에서 후퇴했습니다. 우리 국민과 서울시민, 용산구민들은 이 정권의 국정 실패로 고통받고 있습니다. 앞으로 나아질 기미도 보이지 않습니다. 그렇다면 이제 그 권력을 위임한 주인의 입장에서 상벌을 분명하게 할 때입니다. 책임질 것은 책임지고 잘한 것은 칭찬하고 잘못한 것에 대해서는 엄정하게 꾸짖어야 합니다. 맡겨진 권력으로 국민의 삶을 해친다면, 권력의 일부라도 회수해야 합니다. 레드카드는 이르겠지만 최소한 옐로카드로 정신이 번쩍 들게는 해야 하는 것입니다.

그런데 우리 국민들은 참으로 선량해서 누군가가 눈물 흘리고 큰절하면서 잘못했다고 빌면 마음이 약해지는 경향이 있습니다. 정말로 선량하고 착한 대한민국 국민 아니겠습니까? 좋은 덕목임이 분명합니다.

그런데 여러분, 눈물에도 종류가 있습니다. 고통스러워서, 힘들어서, 미래가 암울해서 흘리는 다수 서민, 약자들의 눈물이 있습니다. 당연히 그 눈물에 우리는 반응하고 연민하고 동정해야 합니다. 그러나 먹이를 잡아먹을 때 목구멍으로 잘 넘어가라고 흘리는 악어의 눈물처럼 기득권 강자들이 자신들의 잘못에 대해서 책임지지 않고 그 잘못된 권력을 더 누리겠다고, 그 권력을 연장하겠다고 국민을 속이기 위해서 흘리는 그 눈물에 대해서는 결코 연민하거나 동정해서는 안 됩니다.

지금 (국민의힘 후보들이) 혈서를 쓰고 눈물을 흘리고 엎드려 절하면서 사과한다고 합니다. 분명히 저렇게 할 것이라고 이미 제가 수없이 말씀드렸습니다. 잘못한 것이 없다면 뭐 하러 빌겠습니까. 잘못한 것이 너무 많아서, 국민의 심판을 피하기 어려워서, 반드시 눈물을 흘리고 국민에게 잘못했다고 가짜 사과하면서 엎드려 절할 것이라고 제가 경고했는데, 실제 그러고 있지 않습니까.

여러분, 국민을 탄압하는, 국민을 거역하는 권력자들의 잘못된 권력 행사를 가짜눈물에 속아서, 악어의 눈물에 속아서 용서하시면 우리는 아마도 그 몇백 배, 몇천 배 피눈물을 흘리게 될 수도 있습니다. 우리 자녀들이 기회가 사라진 세상, 불평등하고 폭력적인 세상에서 희망과 미래를 잃고 좌절하면서 흘리는 눈물, 그 눈물을 동정하셔야 하고 걱정하셔야 합니다.

잘못된 정권이 계속 국정 실패를 하는데도 그들의 권력을 그대로 유지시켜주셨다가 이 사회가 더 많이 망가지고, 우리 삶이 더 피폐해진 후에 눈물을 흘리고 후회한들 무슨 소용이 있겠습니까.

강자들, 소수 기득권자들의 눈물은 눈물이 아닙니다. 지금까지 자신들의 무능과 실책으로 국민들의 삶을 수없이 망친 대가로 심판받을 때만 되면 '꼭 이번 한 번만' 이러면서 위기를 넘겨왔는데, 그들이 과연 실제로 반성하고 뉘우쳤습니까? 실제로 행동과 태도와 마음을 바꿨습니까?

저들이 흘리는 눈물과 사과에는 유효기간이 있습니다. 딱 선거 날까지입니다. 이제 그 눈물과 사과의 유효기간이 하루 남았습니다. 유효기간이 하루밖에 안 남은 가짜 눈물과 가짜 사과에 결코 속지 않기를 부탁드립니다. 이번에야말로 이 나라 주인이 바로 우리라는 것을, 우리가 눈 시퍼렇게 뜨고 살아 있다는 것을 저 오만한 정치권력에게 확실히 보여주면 좋겠습니다.

정권심판·국민승리 총력유세 연설
2024년 4월 9일 서울 용산역 광장

대통령으로서 인사드리겠습니다

 20대 대통령 선거 마지막 유세를 청계광장에서 했다. 2022년 3월 8일 저녁이었다. 청계광장과 그 옆 광화문 일대는 우리 국민들이 촛불을 높이 들어 이 땅의 민주주의를 바로 세운 역사적인 공간이다. 나는 온 힘을 다해 외쳤다.

 "이제 대통령 선거가 몇 시간 남지 않았습니다. 이번 선거는 이재명이냐 윤석열이냐를 결정하는 것이 아니라 나라의 운명과 우리 국민들의 미래를 결정하는 것입니다."

 나는 내가 꿈꾸는 나라를 연설에 담았다. "저 이재명에게는 꿈이 있습니다." 그리고 국민들에게 호소했다. "저 이재명에게 기회를 주십시오."

연설의 마지막 대목에서 나는 투표와 개표가 끝나고 당락이 결정될 3월 10일의 새로운 만남에 대해 힘주어 약속했다.

"제20대 대한민국 대통령으로서 여러분과 함께 인사드리겠습니다."

그날 국민 앞에서 이야기했던 나의 꿈과 간절함을 되새기며 다시 신발 끈을 묶는다.

* * *

존경하는 국민 여러분, 민주공화국 대한민국의 주권자 여러분, 여러분의 선택을 받아서 이 자리까지 왔습니다. 앞으로 여러분과 함께 대한민국의 미래를 책임지고 싶은 이재명 인사드립니다.

국민 여러분, 이곳 청계광장은 우리 국민들께서 촛불을 높이 들어 이 땅의 민주주의를 바로 세운 그런 역사적인 공간입니다.

"대한민국은 민주공화국이다. 대한민국의 주권은 국민에게 있고, 모든 권력은 국민으로부터 나온다." 대한민국 헌법

제1조가 그저 말이 아니라 우리 국민의 가슴 깊이 생생히 살아 있음을, 국민이 바로 이 나라의 진정한 주인임을 우리는 이곳 청계광장, 그리고 광화문에서 입증했습니다.

국민 여러분, 정치는 정치인들이 하는 것 같아도 결국은 국민이 하는 것입니다. 대통령은 지배자나 왕이 아니라, 국민을 대표해서 일하는 대리인이자 일꾼에 불과하다는 사실을 이 나라 주권자, 그리고 국민의 손으로 증명한 순간이 있었습니다.

국민 여러분, 우리가 광장에서 그리고 거리에서 촛불을 들었던 이유가 무엇입니까? 국민이 주인인 민주공화국을 지키자는 절박함이었고, 더 나은 나라를 만들어야 한다는 간절한 열망이었습니다. 공평한 기회가 보장되는 공정한 나라, 모든 이들이 진정으로 자유로운 나라, 전쟁의 위협이 없는 평화로운 나라, 모두가 안전하고 행복한 나라, 희망의 미래가 있는 나라, 바로 그런 나라를 만들자는 간절한 염원 아니었습니까.

존경하는 국민 여러분, 저 이재명에게는 꿈이 있습니다. 억강부약! 대동세상! 강자의 부당한 횡포를 억제하고 약자를 보듬어 함께 사는 나라, 억울한 사람도 억울한 지역도 없는 그리고 생활고 때문에 극단적 선택을 하는 사람이 단 하나도 없는 나라, 이것이 저 이재명의 꿈이었습니다. 청년들이 나고 자란 곳에서 친구를 증오하지 않고 넘어져도 다시 일어설 수 있는 나라, 오늘보다 내일이 더 나은 희망이 있는 나라의 꿈입니다.

국민 여러분, 저는 우리 국민의 위대함을 믿습니다. 국민의 높은 시민의식과 집단지성을 믿습니다. 위대한 국민과 함께 세계에 내세울 위대한 대한민국을 만들고 싶습니다. 국민의 충실한 공복으로서 국민의 뜻을 따르고 용기와 결단으로 반드시 해내겠습니다. 국민이 원하는 일이라면 어떤 장애를 넘어서라도 반드시 해낼 것입니다.

존경하는 국민 여러분, 저 이재명에게 기회를 주십시오. 코로나 위기를 넘는 위기극복 대통령이 되겠습니다. 국민을 편 가르지 않는 국민통합 대통령이 되겠습니다. G5 선진 경제 강국을 만드는 유능한 경제 대통령이 되겠습니다. 오직 국민의 삶만 생각하는 민생 대통령이 되겠습니다. 반칙과 특권이 없는 사람 사는 세상을 만드는 개혁 대통령이 되겠습니다.

어떤 경우에도 국권을 찬탈당하지 않고 주변 강국에 휘둘리

20대 대선 후보 마지막 유세
2022년 3월 8일 서울 청계광장

ⓒ 오마이뉴스 이희훈

지 않는 당당한 대통령이 되겠습니다. 대통령 한 명이 얼마나 많은 변화를 만들어낼 수 있는지 직접 눈으로 체감할 수 있도록 확실하게 해내겠습니다. 국민의 더 나은 삶과 이 나라의 희망찬 미래를 국민과 함께 반드시 만들어가겠습니다.

대한민국의 진정한 주인이자 역사의 책임을 지는 주체인 국민 여러분, 이제 대통령 선거가 몇 시간 남지 않았습니다. 이번 선거는 이재명이냐, 윤석열이냐를 결정하는 것이 아니라 나라의 운명과 우리 국민들의 미래를 결정하는 것입니다.

국민 여러분께서 주권자의 유용한 도구로 저 이재명을 선택해주시면 김구 선생님이 못 다 이룬 자주독립의 꿈을, 김대중 대통령이 못 다 이룬 평화통일의 꿈을, 노무현 대통령이 못 다 이룬 반칙과 특권 없는 세상의 꿈을, 문재인 대통령이 꿈꾸고 있는 "나라다운 나라"를 반드시 만들어내겠습니다. 그리고 우리 모두의 꿈, 함께 어우러져 모두가 행복하게 살아가는 대동세상의 꿈은 저 이재명이 여러분과 함께 만들어가겠습니다.

국민 여러분, 저는 국민을 믿습니다. 역사를 믿습니다. 지금까지 국민만 바라보고 여기까지 왔던 것처럼 앞으로도 국민만 믿고 앞으로 가겠습니다. 대한민국의 운명과 우리 국민들의 미래가 달린 이 역사적인 대회전의 장에서 마지막 단 한 사람까지 참여한 어게인 2002, 승리의 역사를 함께 만들어주시겠습니까?

국민 여러분, 우리가 이깁니다. 국민이 이깁니다.

3월 10일, 우리가 1700만 촛불로 꿈꾸었던 나라, 국민주권이 온전히 실현되는 나라, 국민이 화합하는 새 나라에서 만납시다. 그리고 그 날, 제20대 대한민국 대통령으로서 여러분과 함께 인사드리겠습니다. 어떤 경우에도 국민과 함께 가겠습니다. 감사합니다.

20대 대선 공식선거운동 마지막 연설
2022년 3월 8일 서울 청계광장

국민이 합니다,
그 확신 없이 제가 어떻게 살아가겠습니까

나는 매일 아침 자문한다. 정치는 무엇을 해야 하는가? 국가란 무엇인가? 우리 헌법 제1조는 "대한민국은 민주공화국이다. 대한민국의 주권은 국민에게 있고, 모든 권력은 국민으로부터 나온다"라고 천명하고 있다.

정치인은 주권자의 대리인이다. 국민이 맡긴 권력은 오직 국민만을 위해 사용되어야 한다. 서러운 국민의 눈물을 닦고, 절망하는 국민께 꿈과 희망을 드려야 한다. 강자의 횡포를 억제하고 약자와 동행하며 모두가 함께 행복한 세상을 만들어야 한다.

국민은 묻고 있다. 우리 정치는 그 책임을 다하고 있는가?

야5당 공동 내란종식·민주헌정수호를 위한 윤석열 파면 촉구 범국민대회
2025년 3월 1일 서울 안국동 사거리

정치인 이재명은 그 책임을 다하고 있는가? 춥고 긴 겨울 동안 내란으로부터 민주주의를 지키기 위해 고생한 국민들에게 더 나은 삶은 찾아올 것인가?

나는 2025년 2월 10일 국회 교섭단체 대표연설에서 주권자 국민의 질책을 겸허하게 받아들이겠다고 밝혔다. 그리고 다짐했다.

"살을 에는 추위를 견디며 무능하고 부패한 권력자들을 몰아냈지만 권력의 색깔만 바뀌었을 뿐 '내 삶이나 사회는 변하지 않았다'는 질책을 겸허하게 받아들입니다. 맨몸으로 장갑차를 가로막고 총과 폭탄을 든 계엄군과 맞서 싸우며, 다음은 과연 더 나은 세상일 것이냐는 질문에 더 진지하게 응답하겠습니다. 국민의 주권의지가 일상적으로 국정에 반영되도록 직접민주주의를 강화하겠습니다. 색색의 응원봉이 경쾌한 '떼창'과 함께 헌정파괴와 역사 퇴행을 막아내는 그 현장에서 주권자들은 이미 우리가 만들 '더 나은 세상'을 보여주셨습니다."

그러면서 나는 '결국 국민이 합니다'를 강조했다.

"정치란 정치인들이 하는 것 같아도 사실은 다 국민이 하는 것입니다. 민주당이 주권자의 충직한 도구로 거듭나서 꺼지지 않는 '빛의 혁명'을 완수해가겠습니다. 국민이 나라의 주인으로 책임지고 행동한 그 소중한 경험을 토대로, 국민이 행복한 나라를 만드는 우리 공복들의 사명을 새기면서 '민주적 공화국'의 문을 활짝 열어가겠습니다."

사실 모든 정치적 변화는 겉으로는 권력자들이 만드는 것처럼 보여도 실제로는 언제나 민중이, 대중이 만들어왔다. 국민 여러분이 새로운 변화의 출발점이고, 새로운 희망의 씨앗이다. 이 나라의 주인이고, 역사의 주인이다. 주권자 국민 여러분의 헌신 덕분에 이재명이 살아 있고, 민주당이 살아 있고, 이 나라 민주주의에 새로운 희망이 생긴 것이다.

나는 우리 국민들에게 희망을 주는 정치인이 되고 싶다. 그런데 내가 주고 싶은 그 희망은 정작 우리 국민들로부터 나온다. 나는 우리 국민들의 위대함을 믿는다. 진짜로 믿는다.

그래서 나는 국민들을 만나는 자리에서 늘 이렇게 이야기를 해왔다.

"정치는 정치인들이 하는 것 같아도 결국 국민이 합니다."

나는 국민을 믿었고 그래서 견딜 수 있었다. 권력이 나를 죽이려고 할 때도 나는 국민을 믿었다. 결국 국민의 집단지성은 작동한다.

나의 정치인생은 참으로 굴곡이 많고 위기도 많았지만 그 믿음으로 여기까지 올 수 있었다. 그 믿음이 없었다면 내가 어찌 지금까지 살아올 수 있었겠는가.

내란은 진압되었고 윤석열은 파면되었다. 길기만 했던 혹독한 겨울이 지나고 다시 봄이 왔다. 결국 국민들이 해냈다. 앞으로도 국민들이 해낼 것이다.

이 긴 겨울을 이겨내고 위대한 빛의 혁명을 만들어낸 국민들이 다시 찾아온 이 봄에 어떤 새로운 세상을 또 만들어낼까. 나도 그 길에 기꺼이 함께하겠다.

결국 국민이 합니다

1판 1쇄 펴낸날 | 2025년 4월 15일
1판 17쇄 펴낸날 | 2025년 5월 12일

지은이 이재명
펴낸이 오연호
편집장 서정은 마케팅·관리 이재은

펴낸곳 오마이북
등록 제2010-000094호 2010년 3월 29일
주소 서울시 마포구 월드컵로14길 42-5 (04003)
전화 02-733-5505(내선 271) 팩스 02-3142-5078
홈페이지 book.ohmynews.com 이메일 book@ohmynews.com
페이스북 www.facebook.com/Omybook

책임편집 서정은
교정교열 배영하
디자인 여상우
제작 피오디북

ISBN 978-89-97780-62-4 03340

오마이북은 오마이뉴스에서 만드는 책입니다.